예수의 길

FOLLOWING JESUS

예수의 길

지은이 | 헨리 나우웬
옮긴이 | 윤종석
초판 발행 | 2020. 3. 18
11쇄 발행 | 2024. 2. 16
등록번호 | 제1988-000080호
등록된 곳 | 서울특별시 용산구 서빙고로65길 38
발행처 | 사단법인 두란노서원
영업부 | 02)2078-3333 FAX | 080-749-3705
출판부 | 02)2078-3330

책값은 뒤표지에 있습니다.
ISBN 978-89-531-3699-1 03230

독자의 의견을 기다립니다.
tpress@duranno.com   www.duranno.com

두란노서원은 바울 사도가 3차 전도 여행 때 에베소에서 성령 받은 제자들을 따로 세워 하나님의 말씀으로 양육
하던 장소입니다. 사도행전 19장 8-20절의 정신에 따라 첫째 목회자를 돕는 사역과 평신도를 훈련시키는 사역,
둘째 세계선교™와 문서선교단행본·잡지 사역, 셋째 예수문화 및 경배와 찬양 사역, 그리고 가정·상담 사역 등을 감
당하고 있습니다. 1980년 12월 22일에 창립된 두란노서원은 주님 오실 때까지 이 사역들을 계속할 것입니다.

예수의 길

헨리 나우웬 지음 | 윤종석 옮김

두란노

나의 친구
나의 스승,
헨리 나우웬

  헨리 나우웬을 처음 알게 된 것은 오하이오에서 신학교
에 다니던 시절인 1960년대 후반이었다. 어머니께서 내게
편지하기를 우리 교구에 네덜란드인 신부가 새로 부임해서
예배 시간이 즐겁다며, "억양은 알아듣기 힘든데 설교에 하
나님을 향한 경외와 헌신이 넘치더구나"라고 하셨다.

  물론 그때는 누구를 두고 하시는 말씀인지 몰랐다. 당시

나우웬은 토피카의 우리 집 가까이에 위치한 메닝거연구소에서 심리학과 박사 과정 중인 학생이었다. 그런 그가 얼마 지나지 않아 내 삶 속으로 들어왔다.

1970년대 중반부터 우리는 자주 같은 집회의 강사로 활동했다. 곧 그는 신시내티의 새 예루살렘 공동체로 나를 여러 차례 방문하여 공동체와 친밀한 관계가 못내 그립다고 말했다. 내가 보기에도 절실한 갈구였다. 가끔 우리는 그 공동체가 들어서 있던 동네를 산책하곤 했는데, 그는 끝없는 영적 호기심, 자신의 치부까지 스스럼없이 내보이는 솔직함, 인간에 대한 겸허한 관심 등으로 언제나 나를 즐겁게 했다.

헨리는 깊은 관계를 동경했고 내가 보기에 그는 정말 관계의 귀재였다. 진정한 관계와 가식적인 관계를 용케 구별하여 어떻게든 가식적인 관계를 치유하려 했고, 바로 그 일로 우리 모두를 아주 잘 섬겼다.

1986년에 내가 뉴멕시코로 옮겨 행동과명상센터를 설립했을 때도 헨리는 내게 열면 응원의 편지를 보내 마음 깊이 격려해 주었다. 나는 그를 지혜롭고 경건한 신앙의 선배로 존경했기에 종종 그에게 자유롭게 영성 지도를 받아 보려 했다. 그런데 그때마다 그는 몇 분이 채 지나지 않아 오히려 주객을 전도시켜 나를 영성 스승으로 삼곤 했다. 그가 겸손해서였는지 아니면 무의식중에 쌍방적 관계를 원해서였는지는 모르지만, 결국 나는 그것이 전적으로 진실한 영적 탐구이며, 그가 자신의 통찰 못지않게 상대방인 내 통찰도 중시한다는 결론에 이르렀다. 그는 영성 작가인 만큼이나 실생활에서도 영적 구도자요 신자여서 늘 지혜와 사랑할 능력을 더 얻으려는 열망으로 가득했다.

내가 남자들에게 영성을 가르치기 시작했을 때도 그는 그 말을 듣고 편지로 격려를 아끼지 않았다. 아울러 많은 예술가들에게 깨어진 부자父子 관계에 대한 그림을 그려 치유를 도와야 한다고 권했다. 그는 치유 과정을 시작할 때에 종종 시각적 이미지가 필요하다는 것을 알았다. 헨리는 프란치스코회 수사인 로버트 렌즈가 예수님의 품에 고개를 기대고 있는 사랑받는 제자 요한을 그린 작품을 참 좋아했다. 또한 자신과 아버지의 복잡한 관계를 나를 비롯한 여러 사람에게 허심탄회하게 털어놓았다.

헨리 나우웬은 자신의 인간적 약점을 숨기지 않았고 그 적나라한 솔직함에서 치유의 능력을 얻었다. 그것이 그의 주된 은사였다. 그는 우리 모두에게 "상처 입은 치유자"라는 이름을 붙여 주었고 자신의 삶으로 충분히 그 모범을 보였다. 자신의 유명세를 즐기면서도 아이러니를 통감했던 그가 한번은 정말 상한 마음으로 내게 했던 말이 기억난다. "네덜란드에 있는 우리 가족들은 내 책을 읽지 않거나 아예 모릅니다!" 그러면서도 그는 이런 말을 하는 자신을 웃어넘기곤 했다.

헨리는 인간의 어두운 면을 영성의 거대 담론 속으로 불러들였다고 할 수 있는데, 아시시의 프란치스코나 리지외의 테레즈와 비슷하면서도 거기에 심리학적 식견을 더했다. 그는 사랑과 모든 관계의 본질에 대한, 특히 하나님의 사랑에 대한 통찰이 남달랐다.

우리 그리스도인은 어두운 자아를 '죄'라 부르며 속히 자백하기에만 익숙했을 뿐 거기서 배울 줄은 몰랐다. 헨리도 가까운 사람들에게 자신의 죄와 실패를 '자백'했으나 그전에 반드시 죄의 독소와 성질과 실상을 자각하며 늘 지혜를 얻었다. 이런 솔직한 인정이 다른 사람을 향한 긍휼로 이어진 듯하다.

이 모두로 인해 헨리는 훌륭한 기독교 스승으로 우뚝 섰으며 틀림없이 세월이 흘러도 그렇게 검증될 것이다.

　이제부터 당신은 그가 어렵게 터득한 지혜를 이 책에서 일부 누리게 될 것이다. 그리고 그는 이제 곧 당신의 소중한 영적 친구가 될 것이다.

뉴멕시코 주 행동과명상센터에서

프란치스코회 사제

리처드 로어

Richard Rohr

집으로 가는 길을
잃어버린 사람들

"오늘 예수님을 따르고 있는가?"

한 번쯤 자신을 향해 물어보기를 바란다.

당신과 나는 그분을 따르는 사람인가?

사실 우리는 따르기보다 헤맬 때가 많다. 당신 못지않게
나를 두고 하는 말이다. 우리는 많은 곳을 다니며, 많은 일
을 하고, 많은 사람을 만나고, 많은 행사에 참석하며, 많은
책을 읽는다. 아주 열심이다. 삶을 많고 많은 일로 경험하고

그 일들은 우리의 삶을 대변한다. 여기서 저기로, 이 사람에게서 저 사람에게로, 이 일에서 저 일로 정신없이 옮겨 다니다 보면 문득 이 모든 것을 다 어떻게 해낼 수 있을지 막막한 기분이 든다. 조금만 돌아보면 온통 비상 상황에서 비상 상황으로 뛰어다니고 있는 자신을 발견한다. 아주 바쁘고 신경 써야 할 일이 여기저기에 널렸는데, 정작 도대체 왜 그렇게 바쁘게 사는 건지 잘 모른 채 그저 내달릴 때가 대부분이다.

이렇듯 살기보다는 살아지는 느낌으로 여기저기 헤매는 사람의 삶은 아주 피곤하다. 이 뼛속 깊은 피곤함은 우리를 무력하게 만든다. 이는 우리 대다수의 문제다. 우리는 많은 일을 하며 살고 있지만 그 일들 속에서 만족하기보다 오히려 그 어떤 일에서도 성과를 거두지 못할까 봐 초조해한다. 마치 곡예사처럼 공중에 많은 공을 동시에 띄우고는 어떻게 하면 하나라도 떨어뜨리지 않을지에 골몰한다. 참 피곤한 일이다. 이내 녹초가 된다.

그러다 마침내 어떤 이들은 모든 것을 포기하고 만다. "5년이나 지났는데 그 일들에서 아무런 성과도 없었다"는 것이다. 그래서 가만히 주저앉아 이제는 아무것도 하지 않는다. 그 무엇에도 더는 감동하지 않는다. 삶에 대한 진정한 관심을 잃은 채 그저 텔레비전을 보고 만화책을 읽으며 늘 잠에 취해 있다. 리듬도 없고 움직임도 없고 긴장감도 없다. 술이나 마약이나 섹스로 도피해 보지만 아무것도 그들을 매료시키지 못한다. 도무지 모든 일에 의욕이 없다.

"뭐 하고 싶어?"

"알게 뭐람."

"영화 보러 갈까?"

"그러든지."

헤매던 삶에서 그냥 주저앉아 있는 삶으로 옮겨 간 이들도 피곤하기는 마찬가지다. 실존적 피로다. 부지런히 돌아다니며 헤매는 사람과 가만히 앉아 있는 사람 모두 전혀 인생의 진전이 없다.

누구 할 것 없이 우리 모두 어떤 날에는 헤매고 어떤 날에는 주저앉아만 있다. 어쩌면 당신도 요즘 이런 고민을 하고 있을지 모르겠다. "정말 지친다. 사는 게 피곤하고 답답해. 헤매다가 주저앉아 있다가 또다시 헤매기를 반복할 뿐이야. 난 제대로 살고 있는 걸까?"

이렇게 끝없이 피곤한 우리 세상 속으로 하나님이 예수님을 보내 사랑의 음성을 들려주신다. 예수님은 말씀하신다. "나를 따르라. 자꾸만 헤매며 다니지 말고 나를 따르라. 주저앉아만 있지 말고 나를 따르라."

헤매거나 앉아만 있던 우리 삶이 이 사랑의 음성 덕분에 초점과 목적지가 있는 삶으로 완전히 바뀔 수 있다.

"나를 따르라."

우리 가운데는 이 음성을 이미 들은 이들도 있고 그렇지 않은 이들도 있을 것이다. 우리를 부르시는 이 음성을 듣고 따르면 대개 삶에 질서가 잡힌다. 여기저기 찢겨져 갈피를 잡을 수 없었던 삶에 하나의 구심점이 생긴다. 목적지를 몰라 정처 없이 뻗어 나갔던 관심사가 하나로 모아진다. 지금까지 나를 지독하게 괴롭히던 권태가 어느새 모습을 감춘다. 사랑의 음성을 들었기 때문이다.

초점이 없는 인간은 공허하다. 따를 대상이 없는 인생은 정말 그렇다! 그러나 "나를 따르라"라고 부르시는 사랑의 음성을 만나면 모든 것이 달라진다. 기진맥진하여 마냥 따분하고 지겨워 보이던 삶에 방향이 생긴다. 길을 걷다가도 "이제야 내가 왜 사는지 알겠다!" 하고 감탄 어린 혼잣말이 나올 수도 있다.

이 사랑의 음성을 듣도록 돕고자 이 책을 썼다. "나를 따르라" 하고 당신의 귀에 속삭이시는 음성 말이다. 우리는 초조해하며 헤매던 삶에서 기쁘게 따르는 삶으로, 가만히 주저앉아 아무것도 하지 않던 권태로운 삶에서 그 음성을 들고 감격하는 삶으로 나아갈 수 있다. 이 책이 그런 길잡이가 되기를 바란다.

그분의 음성은 우리에게 강요하지 않는다. 사랑의 음성이기 때문이다. 사랑은 억지로 밀어붙이거나 잡아끌지 않는다. 사랑은 아주 세심하다.

구약에 이런 아름다운 이야기가 나온다. 선지자가 동굴 입구에 서 있는데 주님께서 지나가신다. 산을 가르고 바위를 부수는 크고 강한 바람이 있으나 주님은 그 가운데 계시지 않고, 지진이 있으나 그 가운데 계시지 않으며, 불이 있으나 그 가운데도 계시지 않았다. 얼마 후 세미한 음성이 들렸는데 주님은 바로 그 음성 가운데 계셨다. 왕상 19:11-13 참조

이 음성은 아주 섬세하다. 아주 고요해서 때로 잘 들리지 않을 수 있다. 그러나 사랑의 음성은 이미 당신 안에 있다. 그리고 당신은 이미 들었을 수도 있다.

지금부터 그분의 사랑의 음성을 듣기 위해 조용한 시간을 내고 잠잠히 귀 기울이기를 바란다.

주님은 말씀하신다.

"내가 너를 사랑한단다."

주님은 당신의 이름을 부르며 말씀하신다.

"내게로 오라. 와서 나를 따르라."

사랑하는 주님, 오늘 저와 함께하여 주소서.

제 산만한 심정을 들어 주시고

이 혼란스러운 삶을 어떻게 살아야 할지 알려 주소서.

저는 이 불안한 세상 속에서

집으로 가는 길을 알지 못합니다.

제게 그 길을 보여 주소서.

주님은 고요하신 하나님이십니다.

소란한 세상에서 주님의 음성을 경청하도록 도와주소서.

주님 곁에 있고 싶습니다.

주님은 평안이요 기쁨이시니

저도 평안하고 기쁜 사람이 되도록 도와주소서.

이는 주님과 가까이 살 때 맺는 열매이오니

사랑하는 주님, 저를 주님께 가까이 이끌어 주소서. 아멘.

FOLLOWING JESUS

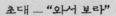

초대 — "와서 보라"

'나의 길'을 떠나
'예수의 길'에 들어서다

³⁵ 또 이튿날 요한이 자기 제자 중 두 사람과 함께 섰다가

³⁶ 예수께서 거니심을 보고 말하되

보라 하나님의 어린양이로다

³⁷ 두 제자가 그의 말을 듣고 예수를 따르거늘

³⁸ 예수께서 돌이켜 그 따르는 것을 보시고

물어 이르시되 무엇을 구하느냐

이르되 랍비여 어디 계시오니이까 하니 (랍비는 번역하면 선생이라)

³⁹ 예수께서 이르시되 와서 보라

그러므로 그들이 가서 계신 데를 보고 그날 함께 거하니

때가 열 시쯤 되었더라

_ 요한복음 1장 35-39절

당신이 이 장면 속에 있다고 상상해 보라. 당신은 지금 세례 요한과 함께 서 있다. 그는 거친 사람이었다. 낙타털 옷을 입은 그를 떠올려 보라. 남들과 모습이 확연히 구별되는 그가 준엄한 목소리로 외친다. "회개하고 회개하라! 너희는 다 죄인이니 회개하고 회개하라!"

사람들이 그의 목소리를 듣고 있다. 그들은 무어라 딱히 꼬집어 설명할 순 없지만 저마다 삶의 결핍을 느끼고 있었다. 많은 일로 바빠 녹초가 되었거나 아무것도 바뀌지 않을 거라는 비관에 빠진 채 아무런 의욕도 없이 그냥 주저앉아 있다.

그래서 이 거침없는 기인에게 나아와 그의 말을 들어 보는 참이다. 그 자리에는 세례 요한의 두 제자인 요한과 안드레도 함께 있다. 어느 날 예수님이 길을 지나가시자 세례 요한은 그분을 응시하며 말한다. "보라, 세상 죄를 지고 가는 하나님의 어린양이시다."

세례 요한은 죄인인 백성들이 회개해야 한다는 사실과 자신이 그들의 죄를 질 수 없음을 분명히 알고 있었다. 사람은 다른 사람의 죄를 대신 질 수 없다. 그가 할 수 있는 일은 그저 "회개하고 회개하라!"라고 외치는 것이었다.

그러다 예수님을 만나자 세례 요한은 곁에 있던 자신의

제자 요한과 안드레에게 이렇게 말한 것이다. "보라, 바로 이분이 세상 죄를 지고 가는 하나님의 어린양이시다. 바로 이분이 고난당하러 온 하나님의 종이시다. 바로 이분이 희생 제물, 곧 하나님의 어린양이 되어 너희의 죄를 지도록 보냄받은 분이시다."

그대로 이 장면 속에 머물러 있으라.

당신 곁의 요한과 안드레는 지금 새로운 삶을 살고 싶은 열망으로 간절하다. 새로운 마음과 영혼으로 새로운 초점을 향해 새롭게 출발하려는 것이다. 그분을 막 따라나선 이 두 청년을 향해 예수님이 물으신다. "원하는 것이 무엇이냐?"

그들은 무엇이라고 답했던가? "주님, 주님을 따르고 싶습니다", 혹은 "주님, 주님의 뜻을 행하기 원합니다", 아니면 "주님, 우리 죄 짐을 대신 져 주소서"라고 말했던가? 아니다. 그런 말은 전혀 없다. 그들은 다만 "주님, 어디에 계십니까?" 라고 되묻는다.

우리는 이 이야기의 시작점에서부터 아주 중요한 질문 하나를 듣는다. 예수님은 어디에 계시는가? 그분의 집은 어디이며 어느 길로 가면 되는가? 그분과 함께 지내면 어떤 것을 보고 경험할 수 있는가?

예수님은 말씀하신다. "와서 보라."

아직 "내 세상 속으로 들어오라", "오라, 내가 너희를 변화시켜 주리라", "내 제자가 되라", "내 말을 들으라", "내가 가르치는 대로 행하라", "너희 십자가를 지라"라고 말씀하시지 않았다. 예수님은 그저 "와서 보라. 둘러보라. 나를 알아가라"라고만 말씀하신다. 이것이 그분의 초대다.

두 제자는 예수님의 말씀대로 그분과 함께 지냈다. 그들은 가서 예수님이 거하시는 곳을 보았고 남은 하루 동안 그분 곁에 머물렀다. 요한복음에서 말한 열 시쯤은 오늘날의 오후 네 시에 해당한다.

예수님이 초대하시자 그들은 거기 응하여 그분과 함께 거했다. 자원하여 그분의 거처로 갔다. 그들이 본 그분은 "때가 가까이 왔으니 회개하고 회개하라!"라고 외치던 세례 요한과는 많이 달랐다. 예수님은 그저 "내가 사는 곳을 와서 보라"라고만 하셨다.

그들이 본 예수님은 하나님의 어린양이요 겸손한 종이시다. 가난하고, 온유하고, 애정이 넘치며, 마음이 청결한 분, 화평하게 하는 분이시다. 이때 이미 거기서 그들은 그분이 누구신지를 보았다. 하나님의 어린양을 보았다. 부드럽고 온유하고 겸손하신.

"와서 보라."

"그들이 그날 함께 거하니."

예수님은 그들을 초대하여 그렇게 그냥 둘러보게 하셨다.

당신도 그 곁에 머물라. 방금 들은 이 이야기를 마음의
눈으로 보기를 바란다.

우리도
초대받았다

예수님은 하나님의 집으로 우리를 초대하신다. 하나님
의 집 안으로 들어오라는 내밀한 초대다. 이 초대에 냉엄한
요구는 딸려 있지 않다. 이 장면 속 하나님의 어린양은 우리
에게 "오라. 내 집에 와서 두려워하지 말고 그저 둘러보라"
라고 말씀하실 뿐이다. 모든 것을 버리고 따르라고 부르시
기 전에 예수님은 먼저 "와서 나 있는 곳을 보라"라고 말씀
하신다.

집주인이신 예수님은 우리가 그 집에 들어오기를 원하
신다. 예수님은 구약의 선한 목자로서 생명의 잔이 넘치는
식탁에 자기 백성을 초대하신다. 하나님이 우리를 그분의
집으로 초대하시는 이 은유는 성경 전반에 두루 쓰였다.

주님은 나의 집이시다. 주님은 나의 은신처시다. 주님은 나의 보호막이시다. 주님은 나의 피난처시다. 주님은 나의 장막이시다. 주님은 나의 성전이시다. 주님은 나의 거처시다. 주님은 나의 가정이시다. 주님은 내가 평생 살고 싶은 곳 그 자체시다.

하나님은 우리의 집, 우리의 방이 되기를 원하신다. 그분은 어미 새처럼 우리를 날개 아래에 감싸 보호하신다. 또한 마치 어머니가 배 속에 태아를 안전히 품듯 우리를 품으신다. 사랑이 넘치는 집주인, 돌보시는 아버지, 무한한 사랑의 어머니, 선하신 공급자로서 우리를 그분 곁으로 초대하신다.

그분 곁에 있으면 안전하고 든든하다. 폭력과 혼돈과 파괴가 난무하는 이 위험한 세상에서 그곳이야말로 우리가 진정 거하고 싶은 곳이다. 안전한 품인 하나님의 집에서는 사랑과 돌보심을 받을 수 있다. 시편 기자처럼 우리도 고백한다. "내 마음이 머물고 싶은 데가 하나님의 집 외에 또 어디리요."시 27, 84편 참조

'집'이라는 단어는 계속해서 의미가 확장된다. 예수님은 말씀하신다. "내 아버지 집에 거할 곳이 많도다 …… 내가 너희를 위하여 거처를 예비하러 가노니."요 14:2 예수님이 말

씀하신 그 큰 집에서는 곧 잔치가 열려 잔이 넘칠 것이다. 그 집에서는 삶이 하나의 거대한 잔치가 될 것이다.

요한복음은 집에 대한 놀라운 비전으로 시작한다. "태초에 말씀이 계시니라 이 말씀이 하나님과 함께 계셨으니 이 말씀은 곧 하나님이시니라 …… 만물이 그로 말미암아 지은 바 되었으니."요 1:1, 3 "말씀이 육신이 되어 우리 가운데 거하시매."요 1:14 여기 "거하시매"를 직역하면 '장막을 치시매'가 된다. 성육신의 핵심은 집이다. 이 복음서를 읽노라면 주님의 이런 말씀이 들려온다. "내 안에 거하라 나도 너희 안에 거하겠다."요 15:4-8 참조

집에 대한 하나님의 비전은 갈수록 더 깊어진다. 이 모든 은유가 하나로 모아져 퍼뜩 깨닫게 되는 사실이 있다. 우리가 곧 하나님의 집이며 이 집에 그분과 함께 살도록 초대되었다는 것이다. 알고 보면 바로 여기의 나, 이 얼굴과 손과 마음을 지닌 내 몸이 곧 하나님이 거하시는 곳이다.

마음을 열고 듣기를 바란다. 예수님은 당신과 내가 하나님의 진정한 가족의 일원이 되기를 바라신다. "아버지께서 나를 사랑하신 것같이 나도 너희를 사랑하였으니."요 15:9

그분은 또 이렇게 말씀하신다. "내가 아버지께 들은 말이 다 너희 것이 되었으니 이제부터 너희는 종이나 남이나

외인이 아니라 친구다. 내가 하는 모든 일을 너희도 할 것이요 그보다 큰 일도 할 것이다. 나는 크고 너희는 작은 게 아니라 내가 할 수 있는 일이면 너희도 다 할 수 있다."요 14:12; 15:15 참조

성부와 성자의 친밀한 관계를 칭하는 이름이 있으니 영, 곧 성령이다. "너희에게 내 영을 주노라." 고대 헬라어의 '프뉴마'pneuma라는 단어에서 유래한 '영'Spirit은 '숨결'을 뜻한다. "너희에게 내 숨결을 주겠다. 내 가장 내밀한 부분을 주겠다. 그리하여 이제 너희와 하나님의 관계는 나와 하나님의 관계와 같으니 곧 신성한 관계다."

우리가 마음으로 들어야 할 말은 이것이다. 우리는 하나님의 가족으로 살도록 초대받았다. 지금 당장 그 친밀한 교제 가운데 들어가도록 초대받았다. 영적 삶이란 우리가 하나님 가족의 일부가 되어 살아간다는 뜻이다.

'예수님의 이름으로' 말하거나 행한다는 것은 실제로 '하나님이 계신 곳에서' 행한다는 뜻이다. 오늘날 많은 사람이 '예수님의 이름으로 행한다'는 말을 그분이 직접 오시지 못해서 우

'예수님의 이름으로' 말하거나 행한다는 것은 실제로 '하나님이 계신 곳에서' 행한다는 뜻이다.

리가 대신한다는 뜻으로 생각한다. 하지만 본래는 그런 뜻이 아니다. 예수님의 이름으로 말하거나 거하거나 행한다는 말은 그분의 이름이 내가 있는 곳 어디에나 계시다는 뜻이다.

그렇다면 당신이 있는 곳은 어디인가? "나는 그분의 이름 안에 살기에 거기가 내가 거하는 곳이요, 내 집이다." 우리가 주님의 집에 살고 있는 한 그곳을 떠나지 않고도 세상으로 나갈 수 있다. 그러나 주님의 집, 곧 예수님의 마음을 떠나면 우리의 모든 말과 생각은 결국 아무것도 아닌 것이 된다. 그러므로 무엇을 하든지 주님의 집을 떠나지 말라. 그곳에서만 당신이 하나님 안에 있고 그곳에서만 구원이 나오기 때문이다. 우리가 결국 세상으로 가져가야 할 것은 구원이다.

"와서 하나님이 계신 곳을 보라."

이 초대가 처음에는 물리적 장소인 그분의 집으로만 생각되지만, 요한이 복음서를 전개하면서 보여 주듯이 하나님이 계신 곳이란 곧 '그분 자신이 누리는 친밀한 삶'이다. 성부와 성자와 성령께서 이루시는 사랑의 가족이다. 그곳으로 우리를 초대하신다.

이 사랑의 가족에 속하려면 예수님을 따라야 한다. 그러나 우리 쪽에서 따르기 전에 언제나 그분의 초대가 먼저다.

"오라. 와서 보라."

예수님의 초대,
어떻게 반응할 것인가

듣기

이 초대에 응하려면 세례 요한과 같이 전하는 이들의 말을 들어야 한다. 그가 "보라, 하나님의 어린양이시다"라고 말하지 않았다면 요한과 안드레는 예수님과의 만남을 놓쳤을 것이다. 복음서의 이 이야기에서 보듯이 우리에게 예수님을 가리켜 보이는 사람들이 있다. 우리는 그들의 말을 들어야 한다. 혼자서는 예수님을 만날 수 없다.

때로 우리에게 예수님을 가리켜 보이는 사람은 호감이 가지 않거나 불편한 사람일 수도 있다. 예수님을 가리켜 보이는 사람이 눈엣가시처럼 보인다면 이는 우리의 편견 때문이다. 우리는 그 사람을 무시하며 "저 옷차림 좀 봐", "나는 예수 이야기나 하는 자들에게는 관심이 없거든"이라고 말할 수 있다.

그러나 당신이 꼭 깨달았으면 좋겠다. 우리에게 예수님을 가리키는 이가 아주 편하게 느껴지지 않더라도 그들의 말을 들어야 한다는 사실을 말이다. 어쩌면 그들은 너무 가난한 사람이거나 너무 부유한 사람일 수도 있다. 혹은 특이한 억양을 가지고 있거나 다른 언어로 말하는 사람일 수도 있다. 우리에게는 "저 사람은 자기 문제도 제대로 해결하지 못하면서……"라고 비꼬면서 그들을 외면할 이유가 늘 있게 마련이다.

그럼에도 그들은 예수님을 가리켜 보인다. 다소 세련되지 못한 남자나 여자가 다가와 "예수님을 사랑하세요?"라고 물어 올 수 있다. 그러면 사람들은 서둘러 "아, 됐습니다" 하며 대화를 차단한다. 우리 모두가 이런 실수를 저지르지 않기를 바란다. 무턱대고 그들의 말을 외면하지 말고 일단 귀 기울여 보라.

사회적 지위가 높은 사람이 예수님에 대해 말할 수 있다. 그러면 당신은 "모든 것을 갖추고 사는 사람한테야 예수님을 믿는 일이 쉬운 일이겠지요"라고 푸념할지 모른다. 하지만 이러한 선입견 때문에 예수님에 대해 알 수 있는 기회를 잃어서는 안 된다. 그러니 마음을 열고 들으라.

우리에게 예수님을 가리켜 보이는 사람이 전통을 따르길 거부하고 규칙을 어기는 괴짜일 수도 있다. 그래도 그 사람이 당신을 불러 예수님을 따르라고 하거든 외면하지 말고 듣기를 바란다. 그 음성을 아주 진지하게 대하기를 바란다.

"보라, 하나님의 어린양이시다!"

우리는 온갖 잡다한 반론을 제기하며 그분에 대해 보지 않고 듣지 않으려 한다. 그러나 듣지 않으면 끝내 예수님을 만날 수 없다. 우리에게 예수님을 가리켜 보이는 이들은 자신에게서 그분께로 주의를 돌릴 것이다. 그러니 진지하게 대하라.

구약에 보면 사무엘이 성전에서 자고 있는데 주님께서 "사무엘아, 사무엘아" 하고 부르신다. 그는 제사장 엘리에게 가서 "자꾸 이런 음성이 들립니다"라고 말한다. 처음에는 "돌아가서 다시 자거라"라고 말하던 엘리도 마침내 하나님이 아이를 부르고 계심을 깨닫고는 "하나님이 너에게 말씀하시는 것이다"라고 말해 준다. 나중에 음성이 다시 들려오자 사무엘은 "주여, 제가 여기 있습니다. 주의 종이 듣겠습니다"라고 대답한다. 삼상 3:1-9

엘리가 아니었다면 사무엘은 하나님이 자신에게 말씀하신다는 사실을 몰랐을 것이다. 세례 요한이 아니었다면 요한과 안드레는 예수님을 만나지 못했을 것이다. 그러니 우리도 예수님을 가리켜 보이는 주변 사람들의 말을 진지하게 대해야 한다. 설령 그 사람에게 부족한 부분이 있더라도 말이다.

묻기

들은 다음에는 물어야 한다.

요한과 안드레는 "주님, 어디에 계십니까?"라고 물었다. 예수님을 따르려면 그분이 어떤 분이신지를 아는 것이 매우 중요하다. 그분에 대해 궁금해하고 알고자 하는 마음이 있어야 한다. "주님, 당신이 계신 곳이 어디입니까? 저도 함께 있고 싶습니다. 당신이 어떤 분이신지 조금이라도 가르쳐 주십시오."

우리도 그렇게 물어야 한다. 계속 물으라.

"지금까지 제가 본 어떤 사람들의 행동은 정말 기독교에 반감이 들게 합니다. 주님이 어떤 분이신지 직접 보고 싶으니 제게 친히 보여 주십시오. 주님, 당신이 계신 곳이 어디입니까?"

바로 여기서 우리의 기도가 싹튼다. 기도는 이렇게 말할 때 시작된다. "주님, 주님이 누구신지 알려 주십시오. 사람마다 주님에 대해 하는 말이 달라요. 제가 직접 주님이 누구신지 바로 알고 싶습니다."

두려워하지 말고 물으라.

예수님은 "이제부터는 너희를 종이라 하지 아니하리니
…… 너희를 친구라 하였노니 내가 내 아버지께 들은 것을
다 너희에게 알게 하였음이라"라고 하셨다.^{요 15:15} 예수님은
그분을 친히 알아 가도록 우리를 친구로 부르셨다. 그러니
이렇게 기도하라. "주님, 주님을 알고 싶습니다. 주님이 어
떤 분이신지 알 수 있도록 제게 들려주시고 보여 주소서."

전도자 요한의 말을 생각해 보라. "우리가 들은 바요 눈
으로 본 바요 자세히 보고 우리의 손으로 만진 바라."^{요일 1:1}
당신도 그렇게 되기를 바란다. 직접 예수님에 대해 보고 듣
고 본 바를 이야기하게 되기를 바란다.

거하기

셋째로 예수님의 초대에 응하려면 그분 곁에 거해야 한
다. 요한과 안드레는 오후 네 시까지 그분과 함께 시간을 보
냈다. 우리도 예수님과 함께 거해야 한다. 과감히 그냥 곁에
거해야 한다. 침묵 속에서 가만히 머물러야 한다. 요한복음
에서 예수님은 "너와 함께 거하고 싶구나. 네 친구가 되고 싶
구나. 너는 종이 아니라 내 집의 일원이다. 내 집에 와서 거
하라. 함께 시간을 보내자. 함께 거하자"라고 말씀하신다.

예수님을 따르려거든 기꺼이 이렇게 아뢰라. "주님, 이

시간만큼은 주님과 함께 거하겠습니다. 분명히 잡념이 들테지요. 오만 가지 생각이 떠오르고 당장 해야 할 일들도 방해가 될 것입니다. 하지만 제가 좀이 쑤시고 불안할 때도 주님이 저를 사랑하여 초대해 주셨음을 압니다. 그러니 당신 곁에 거하겠습니다."

예수님 곁에 머물며 당신을 초대하시는 그분의 음성을 들으라. 부모의 집에 편안히 거하는 아이처럼 그분 곁에서 머물라. 빈둥거리듯 그냥 거하라. 하루에 30분이라도 좋다. 그 시간만큼은 아무 일도 하지 않고 그저 그분 곁에 머물러 있으면 된다.

예수님과 함께 시간을 허비하라. 사랑은 늘 그런 법이다. 사랑은 늘 사랑하는 이와 함께하려 한다. 그의 곁을 지키려 한다. 우리는 주님 곁에 머무는 이 시간을 즐길 수 있다. "랍비여, 우리가 여기 있는 것이 좋사오니."막 9:5

그럴 때 우리는 자신이 주님 안에서 집을 짓고 있으며, 30분만이 아니라 온종일 주님의 집에 있음을 서서히 깨닫게 된다. 우리는 항상 주님의 집에 있다. 어디를 가서 무엇을 하든지 주님이 계시는 곳에 우리도 있다. 이미 그분의 집에 와 있다. 집으로 가는 길에도 우리는 이미 집에 와 있는 것과 같다.

삶이 바쁘다고 핑계 대지 말라. 지금 당장 더 중요한 일이 있다고도 말하지 말라. 우리에게 가장 필요한 일은 주님 곁에 거하는 것이다. 날마다 기도하며 그분을 발견하라. 그러면 이 적대적인 경쟁 사회에 살면서도 늘 집에 머무르는 안정감을 누릴 수 있을 것이다.

듣고 묻고 거하라. 그러면 점차 예수님 안에서 자라 갈 것이다.

'나'를 만족시키는 여정이 아니다

예수님을 따르는 삶은 유명인을 따르거나 어떤 운동 movement에 동참하는 것과 다르다. 무슨 말인가? 많은 사람이 화려한 이벤트나 사람에게 끌리거나 매혹된다. 영웅 숭배가 바로 그것이다. 예컨대 우리는 스타 가수나 영화배우에게 빠져든다. 이런 인물은 우리를 다른 세계로 매혹하는 힘이 있어 어떤 의미에서 우리는 수동적으로 그들에게 끌려든다.

세상의 슈퍼스타에 매료되는 것과 예수님을 따르는 삶

은 본질적으로 다르다. 어떤 사람들은 예수님을 따르는 삶이 국민적 영웅을 따르는 것과 비슷하다고 생각할지 모르지만 예수님이 말씀하시는 삶은 그런 것이 아니다.

어떤 운동에 매료되는 것도 마찬가지다. 아무리 건전하고 사회에 유익을 끼치는 운동이라도 마찬가지다. 사람들이 내게 종종 묻는다. "선생님은 요즘 무엇에 심취해 있습니까? 무슨 일에 푹 빠져 지내십니까?" 물론 우리는 상호 상담 같은 정서를 다루는 여러 활동들로부터도 배우며 거기에 매료될 수 있다. 하지만 복음서가 말하는 삶은 이와도 완전히 다르다.

힐링 프로그램 같은 운동들은 세상에 얼마든지 많다. 나도 그 가운데 여러 프로그램에 참여한 적이 있다. 하지만 이런 식의 따름은 으레 '나 중심'이다. 어떤 식으로든 영웅 숭배에 빠져든다면 당신은 어느새 자신을 만족시킬 대리 자아를 찾고 있을 것이다.

몇 해 전 비틀즈 콘서트에 다녀온 친구들과 이야기를 나누었는데 그 리버풀의 청년들에게 자신의 정체성을 빼앗기기가 얼마나 쉬운 일인지 알게 되었다. 내 친구들은 그 음악에 홀딱 빠져 몸과 영혼이 그곳에 가 있었다. 어떤 의미에서 가수들에게 완전히 동화돼 버렸던 것이다. 대개 우리는 이런 움직임에 합류하여 무언가 내면의 조화를 찾으려 한다. 고통을 치유해 줄 해법을 갈구한다. 이런저런 운동에 가담해 혹시라도 정서적 안정을 찾는다거나 새로운 내적 합일을 얻기를 꿈꾸는 것이다.

그러나 예수님이 "나를 따르라"라고 부르시면 전혀 다른 일이 벌어진다. 그분을 따르는 삶은 의미부터가 다르다. '나'를 떠나 '하나님'을 향하라는 부름이기 때문이다. 곧 하나님을 우리 존재의 중심에 모시라는 부름이다. 기꺼이 '나'를 내려놓고 점차 '주님, 제가 아니라 주님이십니다'라고 아뢰는 것이다.

이는 자아를 찾는 길이 아니라 자아를 비우고 버려 전혀 새로운 하나님의 존재 양식에 내 중심을 내어 드리는 길이다. 예수님은 평생 자신을 점점 더 버리심으로 전적으로 하나님을 중심에 두셨다.

"나를 따르라"라는 그분의 말씀은 이런 뜻이다. "자아의 자리를 떠나라. 부모와 형제와 익숙한 집과 소유를 떠나라. 네가 중심인 너의 '나 세상'을 떠나 예수를 따르라."

예수님이 "나를 따르라"라고 부르시면 전혀 다른 일이 벌어진다. 이는 하나님을 우리 존재의 중심에 모시라는 부름이다.

예수님은 '나'라는 세상을 내려놓으라고 말씀하신다. 우리가 내려놓아야 하나님이 중심에 들어오실 수 있기 때문이다. 우리는 익숙한 곳을 떠나 하나님을 만나도록 초대받았다. 하나님을 만나 그분 안에서 참자아를 발견할 수 있음을 믿도록 초대받았다. 강조점은 '나'가 아니라 '주님'께 있다.

예수님을 따르려면 우리를 부르시는 그분께 초점을 맞추고 다음 사실을 믿어야 한다. 우리는 익숙한 세상을 내려놓을 수 있으며 그러면 새로운 세상이 열린다.

새사람이 된다!

새 이름을 얻는다!

아브람은 하나님의 부름에 응하여 아브라함이 되었다. 사울과 시몬은 예수님을 따름으로써 각각 바울과 베드로가 되었다. 베드로는 자신의 옛 세상을 떠나 하나님의 세상으로 들어감으로 그분 안에서 참자아를 발견했다.

당신과 나의 새 이름은 무엇인가?

주 예수님, 저를 지배하는 모든 것을

지금 내려놓습니다.

제 안과 바깥에서 날뛰는 수많은 두려움을

떨쳐 내도록 도와주소서.

온갖 불안감과 낮은 자존감을 제하시고

하나님의 어린양이신 주님께서 저를 빚어 주소서.

주님의 침묵 속으로 더 깊이 들어가길 원합니다.

거기서 주님의 말씀을 듣게 하소서.

저를 부르시는 음성을 듣고 힘과 용기를 얻어

주님을 따르게 하소서.

주님의 말씀을 듣겠사오니 저와 함께하여 주소서.

저를 당신의 집으로 부르시는 주님의 신비를

더 깊이 깨닫게 하소서.

지금 그리고 항상 함께하여 주소서. 아멘.

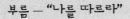

CHAPTER 2

부름 — "나를 따르라"

익숙한 두려움에서 일어나
믿음의 한 걸음을 내딛다

¹무리가 몰려와서 하나님의 말씀을 들을새 예수는 게네사렛
호숫가에 서서 ²호숫가에 배 두 척이 있는 것을 보시니 어부들은
배에서 나와서 그물을 씻는지라 ³예수께서 한 배에 오르시니 그
배는 시몬의 배라 육지에서 조금 떼기를 청하시고 앉으사 배에서
무리를 가르치시더니 ⁴말씀을 마치시고 시몬에게 이르시되 깊은
데로 가서 그물을 내려 고기를 잡으라 ⁵시몬이 대답하여 이르되
선생님 우리들이 밤이 새도록 수고하였으되 잡은 것이 없지마는
말씀에 의지하여 내가 그물을 내리리이다 하고 ⁶그렇게 하니
고기를 잡은 것이 심히 많아 그물이 찢어지는지라 ⁷이에 다른
배에 있는 동무들에게 손짓하여 와서 도와 달라 하니 그들이
와서 두 배에 채우매 잠기게 되었더라 ⁸시몬 베드로가 이를 보고
예수의 무릎 아래에 엎드려 이르되 주여 나를 떠나소서 나는
죄인이로소이다 하니 ⁹이는 자기 및 자기와 함께 있는 모든
사람이 고기 잡힌 것으로 말미암아 놀라고 ¹⁰세베대의 아들로서
시몬의 동업자인 야고보와 요한도 놀랐음이라 예수께서 시몬에게
이르시되 무서워하지 말라 이제 후로는 네가 사람을 취하리라
하시니 ¹¹그들이 배들을 육지에 대고 모든 것을 버려두고
예수를 따르니라

_ 누가복음 5장 1-11절

예수님이 첫 제자들을 부르시는 장면은 이러하다. 예수님은 사람들에게 말씀을 전하고 계셨다. 그런데 인파가 많이 몰려 전체 무리가 잘 보이지 않는다. 그분은 배에 오르셔서 육지에서 거리를 조금 떼기를 청하신다. 이제 그분께도 무리가 다 보이고 그들에게도 그분이 보인다.

배 안의 예수님을 상상해 보라. 예수님을 보기 위해 모여든 사람들로 가득한 호숫가를 떠올려 보라. 당신도 그 물가에서 그들과 함께 그분의 설교를 듣고 있다고 생각해 보라.

설교의 주제는 무엇인가? 다른 때도 많이 그러셨듯이 예수님은 전혀 새로운 존재 양식인 하나님 나라에 대해 전파하신다. 그분이 말씀하시는 그 나라에서는 가난한 자가 복되고, 온유한 자가 복되며, 애통하는 자가 복되고, 화평하게 하는 자가 복되며, 의에 주리고 목마른 자가 복되고, 박해받는 자가 복되며, 마음이 청결한 자가 복되다. ^{마 5:3-11 참조}

하나님 나라는 모든 것이 전복되는 곳이다. 무시를 당하던 소외층이 하나님 나라의 백성으로 부름받는다. 우리 안의 가장 연약하고 깨어지고 가난한 부분에 대해 새로운 시선이 열린다. 예수님은 말씀하신다. "네 깨어진 모습과 죄성을 직시하라. 하나님 나라가 가까이 왔으니 그분께로 돌아서라. 네 망가진 부분들에 기꺼이 귀를 기울인다면 네 안에서 새 생명이 태어날 것이다."

예수님의 설교가 끝난 뒤에 어부들이 보인 행동은 평소의 우리 모습과 너무나 닮았다. 그들은 말한다. "다 아는 이야기가 아닌가! 이제 집으로 돌아가 하던 일이나 마저 하자. 할 일이 태산이다." 그런데 예수님은 그들에게 "그물을 내려 고기를 잡으라"라고 말씀하신다.

모든 것이 그분의 설교가 시작되기 전과 다르지 않은 상황이었지만 예수님은 평소의 일상생활로 돌아가지 않으신다. 주님은 낡은 존재 양식에서 새로운 존재 양식으로 매우 구체적으로 옮겨 가려 하신다. 그런데 이 어부들은 여전히 설교를 듣기 전과 똑같이 말하고 있다. 오늘날의 우리처럼 말이다.

그들이 처음 한 말은 이러하다. "보십시오, 예수님. 선생님은 어부가 아니라 설교자시니 고기 잡는 법을 잘 모르시는 것 같습니다. 우리가 밤새도록 그물질을 했는데 대개 밤에는 낮보다 물고기가 수면에 더 가깝습니다. 그러니 밤에 잡히지 않았으면 낮에도 잡히지 않습니다. 다시 해 봐도 소용없어요. 우리의 판단을 믿지 못하시겠습니까?" 그러다가 마지못해 체념하듯 덧붙인다. "정 그렇게 말씀하신다면, 좋습니다. 해 보지요."

그들은 평범한 논리로 반응한다. 제자가 되고 나서도 번번이 그랬다. 오병이어의 사건을 생각해 보라. 예수님이 "떡 다섯 개와 물고기 두 마리를 무리에게 나누어 주라"라고 말씀하시자 제자들은 "주님, 계산이 안 되십니까? 떡 다섯 개와 물고기 두 마리로는 모두를 먹일 수 없습니다!"라고 되받는다. 그래도 예수님은 무리를 먹이라고 명하신다. ^{막 6:38; 마 14:17 참조}

예수님의 말씀대로 그물을 내리자 정말 고기가 잡힌다! 그런데 흥미롭게도 필요한 양만큼만 잡힌 것이 아니라 그물이 찢어지도록 잡혀 오히려 그들이 난감해진다. 오병이어 사건 때도 그랬다. 예수님은 각자에게 겨우 떡 한 조각씩만 돌아가게 하신 것이 아니다. 오히려 먹고도 남은 떡이 너무 많아 제자들이 어찌할 바를 몰랐다. 이번에도 두 배가 잠길 정도로 가득 잡혀 그들을 쩔쩔매게 하신다. 물고기가 이렇게까지 많이 필요하지는 않다! 평소처럼만 잡혔어도 그들은 아주 행복했을 것이다.

예수님은 언제나 인간의 논리를 정면으로 돌파하신다. 그분은 실재^{reality} 전체를 하나님 나라 쪽으로 이끄는 데 관심이 있으실 뿐이다. 제자들은 더는 세상의 논리에 잡혀 있지 않고 하나님의 비논리 속으로 들어간다. 모든 논리를 벗어나 전혀 새로운 세상 속으로 들어간다. 마침내 이를 깨달은 베드로의 반응은 "주님, 제가 틀렸습니다. 주님은 고기를 잡는 법도 아십니다"가 아니었다. 그가 예수님께 고백한 말은 "주님, 저는 죄인입니다"였다. 참 귀한 반응이다. 베드로가 자신의 불신을 자각했기 때문이다.

방금 전까지 그는 하나님 나라와 새로운 세상 질서에 대한 주님의 말씀을 들었으나 알고 보니 실상은 전혀 듣지 않았다. 별로 진지하게 대하지 않았고 예수님을 대수롭지 않게 여겼다. 그런데 주님께서 그의 논리를 깨뜨리시자 베드로에게서 이런 고백이 나온다. "저는 죄인입니다. 주님께 기회를 드릴 마음이 없었습니다. 여전히 내 기준대로 내 일에 매달려 작은 생업에 바빴습니다."

하나님 나라라는 새로운 실재 앞에서 베드로는 지금까지 자신이 자아에 함몰되어 있었음을 깨닫는다. "나라는 사람은 고기 잡을 생각밖에 없구나. 그래서 밤새도록 수고만 했구나." 이 모두가 자신을 위한 일임을 그는 깨닫는다.

베드로만 그런 것이 아니다. 다른 제자들도 예수님의 말씀을 권력의 관점에서, 낡은 세상의 관점에서 듣기 일쑤다. 복음서 곳곳에서 이를 볼 수 있다.

"주님, 드디어 로마인들을 쫓아내고 권좌에 오르시겠습

니까?"

"주님, 이제 사태를 수습하시렵니까?"

예수님은 이를 정면 돌파하시어 전혀 새로운 세상을 여신다. "나를 따르라. 두려워하지 말라. 내가 너희로 사람을 낚는 어부가 되게 할 것이다. 전혀 새로운 생활 양식과 존재 양식으로 인도하리라."^{막 1:17 참조}

그리하여 그들은 모든 것을 버려두고 예수님을 따른다.

우리도 논리에 얽매여 살아간다. 예수님은 논리를 깨뜨려 새로운 존재 양식을 열고자 하시건만 우리는 이를 두려워한다. 그러면 더 이상 스스로 통제할 수 없기 때문이다. 예수님을 우리 존재의 중심에 모시면 이제 앞날은 우리 소관이 아니다.

말로 표현하기 힘든 그분의 인도하심을 신뢰해야 한다. 예수님은 '영'^{숨결}, '생명', '죽음', '진리'와 같은 단어를 쓰시되 거기에 새로운 의미를 불어넣으셨다. 제자들은 알아듣지 못하여 혼란스러웠다. 훗날 성령께서 오시고 나서야 비로소 이런 단어들의 참뜻이 명확해졌다.

우리도
부름받았다

예수님은 결핍의 세계와 사고방식에 젖어 사는 우리를 불러 풍요의 세계와 사고방식으로 옮겨 가게 하신다. 제자들에게는 결핍감이 있었고 지금 우리도 마찬가지다. 어차피 모두가 원하는 만큼 풍요를 얻을 수 없으니 내 것을 잃게 될까 봐 불안해한다. 인간은 두려워하는 존재다. 우리도 매일, 자주, 끊임없이 두렵다. 예상하지 못한 두려움이 시시때때로 우리를 덮쳐 온다.

우리의 두려움은 자신을 향하고 타인을 향하고 하나님을 향한다. 두려움은 우리 삶의 곳곳을 침범해 결핍을 느끼게 만든다. 이런 식이다. "이 위험한 세상에서 도대체 어떻게 살아남을 수 있을까? 모든 사람에게 먹을 것이 넘쳐 날 수 없고 지식도 애정도 모두에게 돌아가기에는 부족하다. 하지만 나는 살고 싶다. 삶을 보장받고 싶다. 살아 있고 싶다!" 이는 우리 안에 일어나는 아주 흔한 반응이다.

결핍이 우려되는 순간부터 우리는 모든 것을 일단 쌓아 두려 한다. 떡과 물고기도 쌓아 두고 명예와 애정과 지식과 아이디어도 쌓아 둔다.

그렇게 쌓아 두기 시작하면 적이 생겨난다. 누군가는 으레 "당신은 나보다 가진 게 훨씬 많다"며 따지고 들 것이다. 그러면 당신은 "알고 있다. 하지만 나도 비상시에 대비해 필요하다"라고 말할지 모른다. 그러면 상대는 "하지만 나는 지금 당장 필요하다. 지금 배고프고, 지금 알고 싶고, 지금 그것 가져야 한다"라고 되받는다.

결핍감에 얽매여 살다 보면 어느새 내가 쌓아 둔 것을 빼앗으려는 적이 생긴다. 가진 것이 많을수록 내 여분을 탐내는 사람도 많아지므로 우리의 두려움은 시간이 갈수록 커진다. 쌓아 둔 것이 많아질수록 내 것을 지키려고 벽을 더 높이 쌓아 올릴 수밖에 없다.

벽이 높아질수록 벽 바깥에 존재하는 가상의 적에 대한 두려움도 커진다. 그래서 가상의 적으로부터 자신을 보호하려고 폭탄을 제조한다. 그러면서 적 또한 복수의 폭탄을 제조할지 모른다며 두려워한다. 감옥살이를 자초하는 것이다. 이 모두가 결핍감에서 비롯되는 두려움 때문이다. 늘 내가 가진 것이 부족하다고 느끼기 때문이다.

생각해 보라. 당신은 살면서 무엇에 집착하는가? 관계에 대한 집착을 예로 들어 보자. "이 사람은 내 친구인데 나는 그를 초대하지 않을 참이다. 다른 사람들이 나보다 그를 더 좋아할 테니 말이다. 사람들의 관심을 잃고 외톨이가 되기는 싫다." 이런 생각을 하는 당신은 그 친구를 붙들고 놓아주지 않는 것이다.

결핍감은 복음서에도 확연히 나타난다. 예수님은 하나님이 풍성하신 하나님이시라고 말씀하신다. 예수님이 가시는 곳이면 어디에나 생명이 있는 정도가 아니라 풍성하게 넘쳐흐른다.

예수님은 우리에게 생명을 주시되 더 풍성하게 주시려고 오셨다. 그분은 우리가 구하는 것보다 훨씬 많은 것을 부어 주시며 늘 우리의 예상을 뛰어넘으신다. 영생과 진리와 빛과 생명 등 그분이 거듭 약속하시는 실재를 우리는 이해할 수조차 없다.

예수님이 행하신 여러 기적은 새로운 실재를 알리는 표적이다. 그분은 "먹고 남은 떡이 얼마였는지 기억하지 못하느냐? 아직도 믿지 못하느냐?"라고 말씀하신다. 그분은 못내 답답한 심정으로 "내가 어떻게 하면 너희가 나를 신뢰하겠느냐? 나만 있으면 아무것도 부족하지 않음을 어떻게 해야 믿겠느냐?"라고 반문하신다.

심지어 주님이 부활하신 뒤에도 제자들은 새로운 실재를 이해하지 못했다. 베드로가 다른 제자들에게 "돌아가서 물고기나 잡자. 주님이 떠나셨으니 다 끝났다"라고 말하자 그들은 다시 옛 삶으로 돌아갔다. 그때 갑자기 바닷가에 한 사람이 나타나 "한 마리도 못 잡았느냐?"라고 묻는다. 제자들이 그렇다고 하자 "그럼 그물을 배 오른편에 던지라"라는 말이 돌아온다. 그 말대로 했더니 제자들의 배가 갑자기 만선을 이룬다. 요한이 베드로를 보며 "주님이시다"라고 말하자 베드로는 바다로 뛰어내려 주님께로 향한다. 요 21:7

이처럼 주님은 그분을 따르는 우리에게 상상할 수 없을 만큼 풍성히 주신다. 결국은 그 덕에 제자들의 눈이 뜨인다. 비록 예수님이 행하신 일의 의미를 다 이해하지는 못해도 표적이 워낙 위력적이라 제자들은 마침내 그물을 버려두고 그분을 따른다.

복음서에 나타난 대로 예수님을 따르는 삶은 우선 풍성하신 주님을 따르라는 초대다. 비록 하나님의 어마어마한 환대가 다 이해되지 않더라도 우리는 그 주님을 따르도록 초대받았다.

내 말의 의미가 당신에게 와닿기를 바란다. 우리가 지위와 재물에 연연함은 바로 두려움 때문이다. 우리는 우리에게 꼭 필요한 것마저 잃을까 봐 두려워 우리가 가진 것에 더욱 집착한다. 그러나 사랑은 두려움을 이긴다. 사랑은 내려놓는 것이다. 사랑은 버릴수록 더 많아짐을 믿는다. 사랑 안에서 우리의 삶은 더 풍성해진다.

"나를 따르라. 너희의 논리와 사고방식과 두려움을 내려놓고 새로운 세상이 열릴 것을 믿으라. 그러면 너희는 풍요와 기쁨과 평안과 자유의 나라에 들어갈 것이다." 하지만 이 말씀에 우리는 "그렇기는 한데 너무 서두르지 말고 차차 방법을 찾아봅시다. 손해 볼 게 없는지 따져 봐야지요"라고 대답한다. 딱히 믿지 않는 것이다.

예수님은 말씀하신다. "나를 따르라. 나를 보라. 물고기를 보지 못하였느냐? 떡을 보지 못하였느냐? 그런데도 너희는 온갖 반론으로 여전히 따지고 있구나. 자족하지 못하여 불행해하고 두려워하는구나. 감옥살이를 자초하여 염려하는구나. 나를 따르라는데도 여전히 이의만 제기하고 있구나." 여기에 우리는 "내려놓을 자신이 없습니다. 두려움은 늘 저와 함께하니 알겠는데 사랑은 도무지 모르겠어요"라고 답한다.

고통이야 우리가 잘 알지만 사랑에는 덜 익숙하다. 그래서 우리는 어떻게 하는가? 고통을 택한다. 내려놓으면 어찌될지 모르기 때문에 내 방식을 고집한다. "나를 따르라"라는 말씀은 두려움을 내려놓으라는 뜻이다. 예수님은 말씀하신다. "먼저 하나님 나라를 생각하라. 그러면 너희가 그토록 염려하는 다른 것은 다 제자리를 찾을 것이다. 왜 이렇게 염려하고 집착하고 두려워하느냐! 내가 너희에게 자유를 주겠다. 내 안에 생명이 있으니 너희 주인인 나를 따르라. 너희에게 생명을 주겠다. 너희 자신의 것에 집착하면 적이 생겨난다. 벽을 쌓다가 전쟁과 폭력과 파멸과 사망에 이른다. 그러나 나는 생명의 주인이니 생명을 택하라! 나를 택하면 내 안에 진정한 풍요가 있다!"

예수님의 부름,
어떻게 반응할 것인가

우리는 내려놓고 베풀어야 한다. 오병이어도 나누어 주었을 때 불어났다. 모두에게 돌아갈 만큼 충분하다. 움켜쥐면 항상 줄어들지만 나누면 항상 불어난다. 위대한 비논리다. 가난한 사람이 땅을 차지한다. 가진 것을 베풀면 몇 배로 늘어나지만 두려움에 움켜쥐면 눈앞에서 반감된다.

내 삶만 보더라도 그렇다. 친구나 아이디어 등 무엇에든 집착하면 어느새 불안하고 초조해진다. 그러니 왜 그쪽을 택하겠는가? 반대편을 택하라! 그러면 전혀 새로운 일이 벌어진다.

예수님을 따르라는 부름에 우리는 아주 구체적으로 반응할 수 있다. '나 자신'과 '내 두려움'을 떠나 주님 쪽으로 한 걸음씩만 옮기면 된다. 꼭 거창한 무언가를 해야만 그분을 따르는 것은 아니다.

작은 답을 이미 알면서도 큰 질문을 던지는 사람이 놀라울 정도로 많다. 어떤 이들은 내게 이렇게 묻는다. "정말 모든 것을 버리고 선교를 떠나야 합니까? 예수님이 내게 요구하시는 게 그것입니까?" "예수님을 따르려면 정말 내 가족과 직업과 재산을 다 버려야 합니까?" 내 답변은 이렇다. "단순한 일로 한 걸음씩 시작할 수 있는데 왜 거창하게 묻습니까? 자녀에게 소리를 지르지 않겠다는 다짐도 좋습니다."

영적 삶의 위대한 비밀은 당신이 큰일은 모를지라도 지금 당장 실천할 수 있는 작은 일에 대해선 이미 안다는 것이다. 큰일을 알아야만 작은 일을 할 수 있는 것이 아니다. 한 걸음씩만 내딛으면 된다. 놀랍게도 주님과 소통하는 사람은 작은 일이 무엇인지 안다.

예컨대 우리는 이렇게 작정할 수 있다. "나는 특정인에 대해 더는 그런 식으로 말하지 않겠다. 험담하지 않겠다."

눈에 띄지 않는 작은 일이다. 여전히 그 사람을 좋아하지 않지만 적어도 나쁘게 말하지는 않겠다는 한 걸음이다. 다음 걸음은 상대에게 보내는 미소일 수 있다. 그다음에는 집으로 초대한다. 어느새 둘은 친구가 되어 있다. 돌아보면 한 걸음씩 움직여 이루어진 긴 여정이었음을 알 수 있다.

역사 속의 모든 위대한 인물도 작은 일로 시작했다. 아시시의 성 프란치스코는 처음부터 굴속으로 들어간 것이 아니라 4년 동안 고뇌하며 한 걸음씩 내딛었다. 어떻게 생각하고 행동해야 하는지를 자신에게 물으며 조금씩 풀어 나갔다. 우리는 극적인 최종 결과에 초점을 맞추지만 거기에 주목해서는 안 된다. 그곳에 이르기까지 그가 거쳐 간 작은 일들에 우리의 시선을 두어야 한다.

기억하길 바란다. 당신은 오늘 밤 해야 할 일을 정확히 안다. 내일 해야 할 일도 안다. 굳이 하지 않아도 될 일도 안다. 생각과 말과 행동에서 그런 작은 일들에 충실할 때 이로써 먼 길을 갈 수 있음을 믿어야 한다. 그럴 때 당신을 부르시는 주님의 음성이 점점 크게 들려오고 목적지도 또렷해진다.

물론 이러한 일이 쉬운 일이라고 말할 생각은 없다. 다만 걸음을 내딛어야 할 모든 지점이 바로 눈앞에 있음을 믿어야 한다. 예수님은 우리에게 멀리뛰기를 요구하지 않으신다. 처음에는 아주 조심스럽게 한 걸음씩 나아가기를 원하신다.

예수님을 따르는 삶의 첫걸음은 경청이다. 그다음은 '내 것'을 등지는 걸음이다. 어떤 일을 결정할 때마다 우리는 스스로 이렇게 물을 수 있다. "나는 생존에 대한 두려움 때문에 이 일을 행하는 것인가, 아니면 신뢰 가운데 행하는 것인가?"

> 예수님은 우리에게 멀리뛰기를 요구하지 않으신다. 처음에는 아주 조심스럽게 한 걸음씩 나아가기를 원하신다. 예수님을 따르는 삶의 첫걸음은 경청이다.

우리는 자신이 언제 두려움으로 행하고 언제 사랑으로 행하는지 알고 있다. 항상 사랑을 선택하고 두려움 때문에 행동하지 않는 것, 이 역시 작은 변화다. 우리의 말이나 생각의 배후가 두려움이 되어서는 안 된다. 두려움은 품고 생각할수록 더 커지는 법이다.

예수님을 따르려면 두려움에서 방향을 틀어 사랑을 향해 나아가야 한다. 언제나 주님 쪽으로 나아가야 한다. 두려움을 등지고 사랑이신 그분께로 가야 한다. 요일 4:8 부요하신 주님을 바라보아야 한다. 예수님은 우리 삶을 고달프게 만드시는 분이 아니라 생명을, 그것도 풍성한 생명을 약속하시는 분이다. 물론 우리가 초연하게 우리 자신을 버려야 한다는 말씀도 하시지만 그것은 나중 일이고 우선은 생명을 향해 나아오라고 하신다. "너희에게 풍성한 생명이 약속된 그곳만 바라보며 나를 따르라"고 말씀하신다.

기도와 묵상을 통해 그 생명의 자리를 바라보길 바란다. 영적 삶을 가꾸려거든 우리의 생각 속에서 주님이 떠나시지 않게 해야 한다. 그분을 바라보아야 한다.

로욜라의 성 이냐시오는 "그분을 보고 듣고 만지고 맛보고 냄새 맡으라"라고 말하곤 했다. 온전히 그분과 함께하며 그분께 친숙해지라는 의미다. 우리는 "와서 보라"고 말씀하시는 예수님의 초대에 늘 귀를 열어 두어야 한다. 주님 곁으로 가서 예수님께 친숙해지면 그분의 아름다움은 우리를 향해 손 내미시는 사랑의 초대임을 알게 될 것이다. 주님이 부르시는 자리로 오라는 초대다. 일단 그곳으로 가면 쉬워진다.

어쩌면 '쉽다'라는 단어는 꼭 맞는 표현은 아니다. 다만 주님께 이끌려서 그 길을 간다는 뜻이다. 영적 삶은 무언가를 버리는 것이 아니라 우선은 그분을 따르는 것이다. 우리의 두려움을 버리는 것이 먼저가 아니라 주님의 사랑에 이끌리는 일이 먼저다.

우리의 생각 속에 주님과 그분의 나라와 말씀이 떠나지 않으면 즉 그것이 우리의 내면이 되면 우리가 해야 할 일을 알게 될 것이다. 우리는 주님의 집에서 하나님과 함께 있다. 신기하게도 그곳은 매사를 결정하기에 최적의 공간이다. 우리 눈이 그분을 바라보기 때문이다. 우리는 하나님의 아름다움을 알기에 그곳에 머물고 싶어진다. 진정한 갈망이다.

우리는 저마다 고유한 소명이 있어 그 부름에 따라야 한다. 그 부름을 믿고 따르면 우리의 삶은 흥미진진해진다.

거창하게 할 것 없이 먼저는 주님의 집으로 우리를 부르시는 주님의 음성을 경청하라. 그러면 다음 내딛을 걸음을 알게 될 것이다. 그 길로 가려는 갈망도 따라올 것이다. 그 길은 언제나 두려움에서 사랑으로 옮겨 가는 길이다.

"오라. 와서 나를 따르라."

고유한 빛깔로
하나님 사랑을 증언하는 것

　예수님을 따르는 삶이란 헛되이 헤매거나 주저앉아만
있는 삶으로부터 우리를 불러내시는 주님의 음성을 따르는
삶이다. 그분은 "나를 따르라"라고 말씀하신다. 의지적으로
듣고 따르면 점차 우리 삶에 초점이 잡힌다. 초점이 있는 삶
은 더 이상 피곤하지 않다. 에너지를 어디에 쏟아야 할지 알
게 된다. 무엇이 중요하고 무엇이 중요하지 않은지도 알게
된다.

　예수님을 따르는 삶이란 '나'를 버리고 '타자'이신 그분께
로 나아간다는 뜻이다. 과감히 자신에게서 벗어나 지금까
지 구축해 온 '자아'를 점차 내려놓는다는 뜻이다. 타자이신
그분의 인도하심에 이끌려 전혀 새로운 존재 양식에 들어선
다는 뜻이다.

　따름이란 단순히 상대의 행동을 모방하거나 따라서 하
는 것이 아니다. 때로 우리는 모방에 그칠 때가 많다. 무조
건 상대와 똑같이 말하고 행동하는 것이다. 그러나 예수님
을 따르는 삶은 그분의 방식을 모방하거나 따라하는 것과는
다르다.

이 차이를 아는 것이 중요하다. 우리는 모방의 대상과는 친밀하고 인격적인 관계를 가꾸지 않는다. 모방의 대상은 우리가 일방적으로 존경하거나 흠모할 뿐 개인적인 친밀함이 없는 사람이다.

모방에 두려움이 끼어들 때도 있다. "그 사람이 나를 좋아하지 않을까 봐 두려워. 그가 나를 받아들이도록 그가 하는 모든 일을 따라하겠어." 여기에는 마음에서부터 나누는 친밀한 관계가 싹틀 자리가 없다.

그런가 하면 게으름에서 비롯되는 모방도 있다. "나는 그 사람이 하는 대로 하겠어. 하지만 그 사람과 굳이 친해지려는 노력은 하고 싶지 않아." 이런 식으로 남을 모방만 하는 사람은 상대에 대해 제대로 알아가지 않는다. 내면의 소통을 원하지 않기 때문이다.

반면에 예수님을 따르면 인격의 가장 깊은 곳인 우리의 마음이 그분께로 다가간다. 주님을 따르는 삶은 내 내밀한 자아와 깊이 관계되는 일이다. 예수님을 따른다는 것은 그분의 영과 빛과 마음 안에 살되 또한 나의 영과 빛과 마음으로 산다는 뜻이다. 수동적 모방자가 아니라 각자의 고유한 소명과 부름을 전혀 새로운 방식으로 발견한다는 뜻이다. 그래서 예수님을 따르는 사람은 자기만의 고유한

모습으로 하나님의 사랑이 성육
신하게 해 드린다.

예수님을 따르는 것은 예수
님이 그분의 고유한 삶을 사셨
던 것처럼 우리도 우리의 삶을
진실되게 사는 것을 의미한다.
그것은 우리의 자아를 그분께
내어 드리고 예수님이 보여 주

예수님을 따르면 인격의 가장 깊
은 곳인 우리의 마음이 그분께로
다가간다. 수동적 모방자가 아니
라 각자의 고유한 소명과 부름을
전혀 새로운 방식으로 발견한다.

신 사랑의 하나님을 따르는 것이다. 예수님을 따르려면 우
리의 마음과 생각이 새로워지는 일, 곧 회심이 필요하다.

예수님을 똑같은 방식으로 따르는 사람은 없다. 저마다
놀랍도록 고유한 개성을 지녔던 성인들을 생각해 보라. 그
들은 저마다 주님의 길을 따르는 방식이 독특하다. 그리스
도인의 삶에서 가장 감동적인 면 가운데 하나는 사람을 일
정한 틀에 끼워 맞추지 않고 마음껏 다양성을 창출한다는
것이다. 덕분에 하나님의 사랑은 아주 다양한 방식으로 성
육신한다.

주님을 따름이 모방이라면 공동체는 존재할 수 없다. 공
동체란 바로 그분의 부름을 다양한 방식으로 통합하고 받아
들인 사람들의 모임이다. 기독교 공동체의 활력은 바로 예

수님을 따르는 방식이 무수히 많다는 데 있다.

우리는 다 하나님의 사랑을 반사하지만 방식은 달라서 함께 모이면 모자이크와 같다. 모자이크에는 밝은 돌도 있고 금빛 돌도 있고 작은 돌도 있다. 가까이서 보면 돌마다 아름다워 감탄을 자아내지만 한 걸음 물러나서 보면 작은 돌들 전체에서 하나의 아름다운 그림이 드러난다. 낱개의 돌만으로는 그 이야기를 엮어 낼 수 없다. 각기 다른 돌들이 함께 모여 세상에 하나님의 얼굴을 보여 준다.

예수님을 따르는 사람은 그분의 부름을 자기만의 소리로 듣는다. 이는 예수님을 통해 계시된 하나님의 사랑을 각자 독특하게 증언하라는 부름이다. 제자의 존재 양식은 저마다 다르다. 덕분에 기독교 공동체를 통해 하나님의 사랑이 세상에 온전히 드러난다.

어떤 이에게는 이 부름이 청빈의 삶을 뜻한다. 어떤 이에게는 충실한 결혼 생활이다. 어떤 이에게는 세속 세상 속에서 섬기는 삶이다. 어떤 이에게는 외적으로 크게 드러나지 않는 삶이다. 각자의 반응이 어떠하든 모두가 사랑의 반응이며 하나님의 사랑을 세상에 드러내는 한 방식이다. 제자들마다 하나님 사랑의 특별한 면을 그들의 고유한 삶으로 반사한다.

제자도^{하나님의 사랑을 표현하는 삶}의 형태는 이처럼 다양하다. 어떤 이의 사랑은 열정적이다. 어떤 이의 사랑은 의분이어서 불의를 보면 곧바로 달려간다. 어떤 이의 사랑은 아주 온유하여 어디를 가나 따뜻한 환대로 공동체를 만들어 낸다. 어떤 이의 사랑은 조용하게 숨어 섬긴다.

이 모두가 사랑의 한 형태이며 우리도 저마다 자기만의 방식이 있다. 하나님의 사랑은 워낙 풍성하고 광대해서 이를 눈에 보이게 하려면 많은 사람이 필요하다. 수많은 형태의 사랑들이 서로의 지지대가 되어 준다.

하나님의 사랑은 워낙 풍성하고 광대해서 이를 눈에 보이게 하려면 많은 사람이 필요하다. 수많은 형태의 사랑들이 서로의 지지대가 되어 준다.

주 예수님, 주님의 신비로운 길에 들어서고자
주님께 나아옵니다. 이는 곧 제자도의 길이고
십자가에서 새 생명으로 이어지는 길입니다.
쉬운 길은 아니지만 평안과 기쁨의 길입니다.
이 길을 가도록 도와주소서.
마음은 고난을 받아들이고 생각은 깨달음에 열어 두며
의지로는 기꺼이 따르게 하소서.
힘든 일이 많습니다. 앞으로도 늘 많겠지요.
그러나 주님과 함께라면
저는 점점 더 빛 가운데로 나아갑니다.
주님과 함께라면 제가 안전하다는 사실을 압니다.
감사하는 마음으로 제 삶을 경축하게 하소서.
제가 여기 있음에 감사하고
주님이 제 하나님이셔서 감사합니다. 아멘.

CHAPTER 3

도전 — "너희 원수를 사랑하라"

충만히 사랑받고
자유로이 사랑하게 되다

²⁷ 너희 원수를 사랑하며 너희를 미워하는 자를 선대하며
²⁸ 너희를 저주하는 자를 위하여 축복하며 너희를 모욕하는 자를
위하여 기도하라 ²⁹ 너의 이 뺨을 치는 자에게 저 뺨도 돌려대며
네 겉옷을 빼앗는 자에게 속옷도 거절하지 말라 ³⁰ 네게 구하는
자에게 주며 네 것을 가져가는 자에게 다시 달라 하지 말며
³¹ 남에게 대접을 받고자 하는 대로 너희도 남을 대접하라
³² 너희가 만일 너희를 사랑하는 자만을 사랑하면 칭찬받을 것이
무엇이냐 죄인들도 사랑하는 자는 사랑하느니라 ³³ 너희가 만일
선대하는 자만을 선대하면 칭찬받을 것이 무엇이냐 죄인들도
이렇게 하느니라 ³⁴ 너희가 받기를 바라고 사람들에게 꾸어 주면
칭찬받을 것이 무엇이냐 죄인들도 그만큼 받고자 하여 죄인에게
꾸어 주느니라 ³⁵ 오직 너희는 원수를 사랑하고 선대하며 아무것도
바라지 말고 꾸어 주라 그리하면 너희 상이 클 것이요 또 지극히
높으신 이의 아들이 되리니 그는 은혜를 모르는 자와 악한
자에게도 인자하시니라

_ 누가복음 6장 27-35절

"너희 원수를 사랑하라."

이것이야말로 기독교 메시지에서 가장 핵심적인 부름일 것이다. 또 이것은 신약이 정말 '새것'이라는 점과 정확히 맞닿아 있고, 예수님을 통해 역사 속에 뚫고 들어온 개념이며, 그분이 우리 앞에 제시하시는 도전이다. 그런데 사랑이 무엇인지에 대한 우리의 관점은 매우 빈약하며 다소 왜곡되어 있다. 그래서 원수를 향한 사랑을 논하려면 친구를 향한 사랑부터 말해야 한다.

처음
사랑

사람들이 살아가는 모습을 들여다보면 우리 안에 엄청나게 많은 욕구가 도사리고 있음을 깨닫는다. 우리에게는 다른 사람들에게서 애정과 관심과 인정과 칭찬을 받으려는 욕구가 있다. 영향력과 권력과 성공을 얻으려는 욕구도 있다. 우리 안에 이런 욕구들이 얼마나 강하며 집요한지 우리는 자신도 모르게 그것들의 노예가 되어 살아간다.

하지만 당신도 알다시피 그런 삶은 비참하다. 하나의 욕구가 채워지자마자 또 다른 욕구가 고개를 든다. 바라던 대로 다른 사람에게서 "당신은 정말 멋진 사람입니다"라는 칭찬을 듣는 순간, 이런 생각이 고개를 비죽 내민다. "저 말은 진심일까? 누구에게나 다 하는 말이 아닐까?" 누군가에게서 "당신은 최고예요. 당신이 해낸 일, 당신이 제작한 영화, 당신이 쓴 논문은 탁월합니다"라는 말을 들으면 그때부터 불안해진다. 이제 그 기대에 부응해야 하기 때문이다. 사람은 유명해질수록 그만큼 더 불안해진다. 공들여 쌓아 온 것들을 잃을까 봐 두려워지기 때문이다.

나는 샌프란시스코와 로스앤젤레스에서 유망한 영화 제작자들과 연예계 인사들과 더불어 지낼 기회가 있었다. 많은 성공을 거둔 그들이었지만 놀랍게도 그들은 끊임없이 인정받기를 바랐다. 대체로 그러한 욕구에는 끝이 없어 보였다. 내가 볼 때 그들은 어떤 칭찬에도 만족해하지 않는 것 같았다. 아카데미상이나 그 밖의 유력한 상을 타고 성공의 절정을 구가하는 이들조차 여전히 행복해 보이지 않았다. "당신은 최고입니다!"라고 말해 주면 그들은 늘 이런 식으로 대답했다. "오늘이야 그렇게 말하겠지만, 과연 내일도 그럴까요?"

각종 상과 성공과 갈채를 누리고 극찬을 받으며 큰돈을

거머쥔 이들도 한없이 불행할 수 있다. 가까이 가서 거품을 터뜨려 보면 알겠지만 그들도 어느 누구만큼이나 불안해한다. 그 모든 부와 성공과 칭찬의 이면에는 아직도 "당신은 나를 사랑하나요?"라고 묻는 어린아이가 있다.

우리는 때로 자기 분야에서 최고의 자리에 오른 사람들의 자살 소식을 듣곤 한다. "보통 사람은 가질 수 없는 부와 명예를 다 가졌건만 무엇 때문에 그런 선택을 내린 걸까?"라는 의문이 든다. 그들은 삶의 극심한 긴장을 더는 감당하지 못하게 된 것이다.

인간의 욕구는 엄청나다. 세상에는 애정 욕구와 성공 욕구에 사로잡힌 사람이 널려 있다. 그들의 욕구는 놀랍도록 집요하다. 나 역시 늘 이런 의문에 둘러싸여 있다. "사람들이 나를 정말 좋아할까?" "내가 하는 일을 좋아해 줄까?" 때로 나의 이런 상태가 끔찍하게 느껴진다. 이런 욕구들에서 벗어날 수만 있다면 얼마나 좋을까! 겸손에 대한 설교를 마치고 나서도 가장 먼저 드는 생각은 이런 것이다. "내 설교가 사람들 마음에 들었을까?"

우리는 왜 이러한 욕구에 시달리는 것일까? 도대체 이런 욕구는 어디에서 오는 것일까?

욕구는 우리가 과거에 받았던 상처에서 비롯된다. 우리

는 좀처럼 상처에서 자유롭지 못하다. 상처 때문에 자주 자신의 가치가 의심스럽고 자신에게 회의가 든다. "나는 존재할 가치가 있을까? 나는 세상에 필요한 사람일까? 이런 내가 속할 만한 곳이 있을까?"

꼭 이런 식이 아니더라도 어딘가에서 우리는 거절감을 느낀다. 자신이 완전히 받아들여질 수 없다고 느낀다. 그래서 부모님이나 형제, 혹은 교회나 학교를 비난하며 말한다.

"나에게 벌어진 일 때문에 너무 화가 나."

"내가 지금도 자존감 문제로 힘든 이유는 아버지가 늘 나를 깎아 내렸기 때문이야."

"어머니는 다른 자식들만 편애하고 내게는 사랑을 주지 않았어."

"교회가 나를 나쁜 사람으로 만들었어."

이런 상한 감정이 우리를 욕구에 찌들게 한다. 내심 자격이 부족하다고 느끼기기에 무슨 수를 써서라도 괜찮다는 느낌에 도달하려 애쓴다. 그래서 사건이나 사람을 탓하지만 속으로는 이유가 따로 있음을 안다.

이런 욕구의 문제점은 그게 폭력으로 변질될 수 있다는 것이다. 외로움과 자신에 대한 회의와 내면의 고뇌가 너무 커지면 자칫 사랑을 강요할 수 있다. "제발 나를 사랑해 주

세요. 제발 내가 괜찮다고 말해 주세요." 애정의 표현마저
도 강요가 될 수 있다. 인정 욕구에 찌든 세상에서 사람들은
그 욕구 때문에 서로를 물고 뜯으며 상처를 낸다. 감옥에는
그저 주목받기 위해 죄를 저지른 사람들로 가득하다. 그들
에게는 아무리 부정적인 의미의 주목이라도 상관없다.

욕구는 다시 상처로 이어진다. 우리는 자신의 욕구 때문
에 남에게 상처를 입힌다. 종종 상대에게 결코 없는 것을 달
라고 강요하기 때문이다. 상대에게 하나님 역할을 강요하
는 것이다. 타인을 하나님으로 만들면 우리 자신은 악마가
될 수밖에 없다. 거기서 싸움이 계속 생겨난다.

욕구는 상처를 낳고 상처는 새로운 욕구를 만들어 내며
반복된다. "내 욕구는 어디에서 온 걸까?" 의문을 가진다면,
우리는 과거에 내게 상처를 입힌 사람에게서 그것이 비롯되
었음을 깨닫는다. 그러나 그 사람 역시 자신의 욕구에 떠밀
려 내게 상처를 입혔다.

이에 대응해 우리는 "이제부터 욕구에 떠밀려 살지 않
겠다"라고 다짐할 수 있다. 그 누구도 나로 인해 다치게 하
고 싶지 않다. 하지만 어느새 우리의 자녀는 말한다. "나한
테 관심이 없으신 거죠?" 믿었던 친구는 "너에게 실망했다"
라며 돌아선다. 배우자의 굳은 얼굴은 이야기한다. "당신은

나를 사랑하지 않아. 우리의 결혼 생활은 시간이 흘러도 채워지지 않는 거리가 있어." 우리에게 상처받은 사람들일수록 우리가 깊이 사랑하는 대상이다 보니 고통과 슬픔은 말할 수 없이 크다. 상처와 욕구가 맞물린 구조는 미래로까지 뻗어 나간다.

그렇다면 상처란 정확히 무엇인가? 거부당하는 경험이다. 충분히 사랑받지 못하는 경험이다. 상처받은 사람은 자신이 참으로 사랑받는 존재임을 마음 깊이 인정하지 않는다.

예수님의 말씀은 바로 이러한 상태의 인간에게 직통으로 다가온다. 그분은 사슬의 속박에서 우리를 해방시키려 하신다. 우리를 해방시키려고 그분이 계시하신 사실이 있다. 우리는 타인을 사랑하거나 타인에게 사랑받기 전부터 이미 그분께 사랑받는 존재다. 예수님은 오셔서 우리에게 하나님의 처음 사랑을 계시하셨다. 그분의 사랑은 근원적 사랑이다. 이 처음 사랑에 접속되라고 주님이 우리를 부르신다.

처음 사랑은 말한다. "네가 누구를 사랑하거나 누구에게 사랑받기 전부터 나는 너를 사랑했다. 너를 받아들였다. 너는 사랑받을 자격이 없는 존재가 아니다. 부모와 형제, 학교

와 교회, 이 세상 그 누가 너를 어떻게 대하든 너는 사랑받는 존재다. 너는 내 사랑으로 태어났다. 내가 사랑으로 네게 숨결을 불어넣었고 사랑의 말씀으로 너를 창조했기에 너는 내 사랑의 성육신이다. 내 안에는 미움도 없고 복수심도 없고 원한도 없다. 나는 너를 완전히 받아들인다. 나는 너를 사랑한다. 그러니 이 사랑을 믿을 수 있겠느냐?"

근원적 사랑은 근원적 복이다.

근원적 사랑은 근원적 수용이다.

원죄나 최초의 거절감을 말하기 전에 우리는 하나님의 근원적 사랑에 대해 말해야 한다. 우리가 서로 사랑할 수 있음은 하나님의 사랑 때문이다. 그 처음 사랑이 모든 창조적 인간관계의 기초다. 우리가 서로에게, 그리고 함께 세상으로 나가 전하려는 것도 바로 그 사랑이다.

예수님은 "내가 먼저 너희를 사랑하였으니 너희도 서로 사랑하라"라고 말씀하셨다. 영적 삶 전체는 그 처음 사랑에 접속되는 삶이다. 처음 사랑의 근원에 가닿는 순간부터 우리는 욕구와 상처라는 사슬의 속박에서 서서히 해방된다. 영적 삶은 우리를 참으로 자유롭게 한다. 그 자유로 사랑하게 한다.

예수님을 만난 한 여인은 그분의 발에 귀한 향유를 쏟

아붓고 자신의 머리털로 그 발을 닦았다. 예수님은 그분을 향한 여인의 사랑이 큰 것을 보시며 그녀는 자신이 얼마나 큰 용서를 받았는지 알고 있는 사람이라고 말씀하셨다. 눅 7:36-48 그녀가 자신이 얼마나 사랑받고 있는지를 이해했기에 이 지식이 그녀가 예수님을 진심으로 사랑할 수 있는 자유를 주었다는 것이다.

처음 사랑에 접속되면 우리는 자기 존재의 중심에 도달하여 거기서 조건이나 제한 없이 내가 전적으로 사랑받고 있음을 깨닫는다. 처음 사랑에 접속되면 보답을 바라지 않고 자유로이 다른 사람을 사랑할 수 있다.

세상의 사랑은 그렇지 않다. 세상의 사랑은 거래다. 사랑이 거래다 보니 사람들이 늘 문제에 빠져 허덕인다. 그들은 자신이 준 사랑에 대해 보답이 돌아오기를 바란다. 바로 이 지점에서 갈등과 적의와 분노와 질투와 원한과 복수심이 싹튼다. 인간의 모든 혼돈은 사랑을 거래로 보는 데서 비롯된다.

예수님은 "아무런 보답도 바라지 말고 주라"라고 말씀하신다. 눅 6:34-35 이 말씀은 피학성 환자처럼 남에게 잘해 주면서 이렇게 말하라는 뜻이 아니다. "절대로 나한테 보답하지 않아도 됩니다. 나야 어차피 그런 사랑과는 어울리지 않는 기구한 팔자니까요."

예수님의 말씀은 이런 뜻이다. "너는 넘치도록 사랑받는 존재이기에 작은 이익 따위는 생각하지 않아도 된단다."

우리는 이 사랑을 어떻게 알 수 있을까? 바로 기도를 통해서다. 우리는 처음 사랑에 접속되게 해 달라고 기도해야 한다. 그래야 그 사랑을 다시 알 수 있다.

우리가 기도함은 자신이 온전히 사랑받는 존재임을 머리로만 아니라 존재의 중심과 마음으로 알기 위해서다. 그래서 기도한다. 기도하면 이 세상 어디를 가더라도 욕구에 찌들거나 남에게 상처를 입히지 않을 수 있다. 사랑을 베풀되 보답을 바라지 않을 수 있다. 기도할 때 우리는 자유로워진다.

이 사실을 폐부* 깊이 절감할 수 있다면 우리는 가장 중

---

* 나우웬은 '폐부'란 단어를 헬라어 원어의 의미로 가져와 썼다. 헬라어로 '스플랑크니조마이'(*splagchnizomai*)는 본래 창자가 끊는다는 뜻인데 불쌍히 여긴다는 뜻의 긍휼로 의미가 확대되었다. 창자가 사랑과 연민의 한 부분으로 여겨졌기 때문이다.

요한 진리를 얻는 것이다. 내 생각에 이 사실이야말로 예수 님이 주시는 가장 큰 도전이기 때문이다.

예수님을 따르는 삶이란 욕구와 상처에 찌든 사랑으로 남에게 해를 입히는 것이 아니라 하나님의 근원적 사랑으로 서로 사랑한다는 뜻이다. 이 근원적 사랑은 친구뿐 아니라 원수까지도 사랑할 힘을 준다. 하나님의 사랑 덕분에 우리는 하늘에 계신 아버지의 아들이 되었다. 이 아버지는 "그 해를 악인과 선인에게 비추시며 비를 의로운 자와 불의한 자에게 내려" 주시는 분이다. ^{마 5:45}

하나님의 근원적 사랑에 동참하려면 어떻게 해야 할까? 이에 답하기 위해 결혼과 우정과 공동체의 개념을 살펴보자. 우리에게 대인 관계는 가장 중요하면서도 우리가 가장 큰 상처를 입는 영역이기도 하다.

**친구를 향한
사랑**

사랑에 빠진 연인이 있다. 그들은 이렇게 말한다. "나는 당신을 사랑하고 당신은 나를 사랑하지. 당신은 지금까지 내가 만난 사람 가운데 가장 매력적이야. 우리는 정말 잘 맞는 커플 같아. 그러니 함께하자. 동거해 보면 어떨까? 어쩌면 우린 정말 좋은 팀을 이룰지도 몰라. 그러다 결혼까지 갈 수 있을지도 모르지."

몇 년 뒤 연인 가운데 한 사람에게서 이런 말이 나온다. "당신에 대해 더 많이 알고 싶지만 아직도 당신은 내게 전부를 보여 주지 않는 것 같아." 상대방은 이렇게 말할 수 있다. "정말 열심히 노력하고 있어. 난 당신에게 내 모든 것을 보여 주었어." 다시 이쪽에서 말한다. "당신과 함께 있어도 너무 외로워. 왠지 당신은 결혼을 충분히 진지하게 생각하지 않는 것 같아." 둘 사이에 점차 스트레스와 긴장이 고조된다. 결국 둘 중 한 사람이 이런 결론에 도달한다. "어쩌면 우리는 좀 떨어져 지내야 할 것 같아." 그러면 상대는 이렇게 애원한다. "다시 노력해 보자. 필요하다면 도움을 받아 보는 것도 좋겠어."

이런 사랑은 절망을 부른다. 서로 숨 막히게 집착하며 필사적으로 요구하기 때문이다. 우리는 사랑이 서로의 관계에서부터 시작하고 끝난다고 생각한다. 그러나 성경은 그렇게 말하지 않는다. 타인을 향한 사랑은 하나님과의 관계에서 시작된다.

우리가 다른 사람을 사랑할 수 있음은 내 심연의 자아가 처음 사랑을 만났기 때문이다. 하나님의 사랑은 조건도 없고 한계도 없다. 우리는 관계를 맺을 때 상대방도 그 처음 사랑으로 사랑받는 존재임을 인식해야 한다.

처음 사랑이 성육신하는 방식은 사람마다 다르다. 그래서 이 사랑은 우리를 불러 세상에 하나님의 새로운 집, 새로운 공동체, 새로운 거처를 함께 지으라고 한다. 그것이 바로 결혼이고 우정이고 공동체다. 사람들 사이의 참된 관계는 하나님을 가리켜 보인다.

우정이든 결혼이든 공동체든 성경이 말하는 관계란 구성원마다 자신이 그분의 사랑에 속해 있음을 깨닫는다는 뜻이다. 하나님의 사랑은 각 개인이 품기에는 너무나 크다. 그래서 함께 그 사랑을 가리켜 보이는 것이다.

관계의 지향점은 우리 자신이 아니라 우리를 품으시는 더 큰 사랑이다. 결혼은 이러한 고백이다. "우리가 맺어지는 이유는 서로가 사랑할 뿐 아니라 하나님이 우리를 하나로 부르셨음

> 우리가 다른 사람을 사랑할 수 있음은 내 심연의 자아가 처음 사랑을 만났기 때문이다. 우리는 관계를 맺을 때 상대방도 그 처음 사랑으로 사랑받는 존재임을 인식해야 한다.

을 알기 때문이다. 하나님은 우리를 이 세상에 그분의 사랑을 드러내 보이는 통로로 삼으신다. 두 사람이 하나 되어 가정을 이룸으로 우리는 사람들을 환대할 수 있고 우리의 자녀와 친구가 될 수 있다. 결혼이라는 자리는 우리를 하나로 부르신 하나님을 드러내는 통로다."

결혼은 두 사람이 서로를 사랑하여 서로에게서 하나님을 발견하는 것이 아니다. 결혼은 하나님이 두 사람을 깊이 사랑하시기에 그들이 서로를 하나님 임재의 살아 있는 반사체로 알아보는 것이다.

하나님이 우리를 지극히 사랑하시기에 부부가 함께 다음 사실을 깨달을 수 있으므로 결혼은 참으로 신비다. 즉 서로를 향한 부부의 헌신을 통해 하나님의 임재가 지금 여기에서 드러날 수 있다. 우리가 부부 관계에 충실할 수 있음은 마음이 변하지 않거나 이혼하지 않거나 더없이 호흡이 잘 맞거나 삶의 목표가 같기 때문이 아니라 하나님이 처음 사랑으로 두 사람을 연합시켜 주시기 때문이다.

다르게 표현해 보자. 예수님이 계시해 주신 사랑은 인격체와 인격체의 관계다. '퍼슨'person; 인격체이라는 영단어는 라틴어의 두 단어에서 유래했는데, '페르'per는 '통하다'라는 뜻이고 '소나레'sonare는 '소리를 내다'는 뜻이다. 인격체란 소리를 전달하는 통로인 셈이다.

우리가 전달하는 소리는 무엇일까? 지극히 큰 하나님의 사랑이다. "당신을 사랑합니다"라는 말은 사실 "당신이라는 창을 통해 하나님의 무한한 사랑을 조금이나마 볼 수 있습니다"라는 뜻이다. "당신을 정말 사랑합니다"라는 말은 상대방이 내 모든 필요를 채워 준다는 뜻이 아니라 "나의 내면 깊은 곳에서 이미 만난 하나님을 당신이 내게 일깨워 줍니다. 당신이 전달하는 소리는 이미 내 마음속에 있는 사랑이고, 내가 전달하는 소리도 이미 당신이 마음으로 아는 사랑입니다"라는 뜻이다. 이것이야말로 모든 친밀한 관계의 핵심이다.

부부 사이든 친구 사이든 공동체의 구성원 사이든 사랑이란 곧 인격체끼리 하나님의 광대하고 변함이 없으며 무조건적인 사랑을 전달하는 소리다. 깨어지고 유한한 인격체인 우리는 조건도 없고 제한도 없으신 하나님의 완전무결한 사랑을 보여 주는 창이다.

어떤 이들은 "타자 안의 하나님을 보아야 한다"라든지 "세상 속의 하나님을 보아야 한다"라고 말한다. 내 생각에 우리는 세상 속의 하나님을 볼 수 없다. 나 헨리 나우웬은 아무것도 볼 수 없다! 그러나 내가 고독한 내면에서 하나님을 만났다면, 내 안의 하나님이 당신 안의 하나님을 친히 알아보신다. 관점이 완전히 다르다. 알고 보면 우리는 동일하신 하나님께 둘 다 사랑받고 있으며, 그분이 각자를 어떤 삶으로 부르시든 간에 함께 그 사랑을 경축할celebrate 수 있다.

우리가 그 처음 사랑을 알고 하나님의 집에 거하면 내 안에 임재하시는 하나님이 타인 안에 임재하시는 하나님을 알아보신다. 반대로 마음속에 악마가 있으면 사방에 귀신이 보이고, 우리 안에 어두운 세력이 있으면 도처에 어두운 세력이 보인다. 마음이 어두운 사람의 눈에는 그런 사람만 보이는 법이다. 어둠은 어둠에게 말하고 악은 악에게 말한다. 그러나 사랑은 사랑에게 말하고 하나님은 하나님께 말씀하신다.

그리스도인의 삶, 그러니까 예수님을 따르는 제자의 삶의 관건은 서로를 향한 사랑으로 하나님의 임재를 지금 여기에 눈에 보이게 할 수 있음을 깨닫는 데 있다. 우정과 결혼과 공동체는 모두 방식만 다를 뿐 모든 사람을 품으시는 하나님의 근원적 사랑을 서로에게 드러내 준다.

원수를 향한
사랑

원수를 사랑하는 것은 거룩함의 기준이라 했거니와 이는 맞는 말이다. 원수를 사랑하는 사람은 성화되어 가는 중이기 때문이다. 그리스 아토스산에 살던 유명한 정교회 수도사 스타레츠 실루안[1866-1938년]이 늘 그렇게 말했다. "원수를 위해 기도하면 평안이 찾아오고, 원수를 사랑하는 사람에게는 반드시 은혜로 하나님의 사랑이 임한다."

예수님은 이 땅에서 사시는 동안 원수를 사랑하시는 모습을 보여 주셨다. 그분은 십자가에서 이렇게 말씀하셨다. "아버지 저들을 사하여 주옵소서 자기들이 하는 것을 알지 못함이니이다."[눅 23:34] 기독교 최초의 순교자인 스데반도 죽음 앞에서 하나님께 원수를 용서해 달라고 기도했다. "주여 이 죄를 그들에게 돌리지 마옵소서."[행 7:60] 원수를 향한 사랑은 용서의 말로 표현된다.

원수란 무엇인가

원수란 나를 대적한다고 내가 스스로 정의한 사람이다. 원수는 나를 위하는 사람이 아니다. 우리에게는 이상한 욕구가 있어 세상을 아군과 적군으로 나누려 한다.

더 이상한 것은 종종 우리의 정체성마저 원수에 의존해 있다는 사실이다. 원수가 없으면 나도 존재하지 않는다. 누구를 적으로 삼느냐에 따라 내가 누구인지도 달라진다. 내가 규정한 원수가 다시 나를 규정한다.

이런 식의 정체성은 남이 내게 하는 말이나 나를 대하는 방식이 곧 나라는 거대한 망상에 기초해 있다. 이는 내 정체성과 자아상이 친구와 원수에게, 즉 나를 좋아하는 부류와 싫어하는 부류에게 달려 있다는 커다란 착각이며 새빨간 거짓말이다.

복음의 기쁜 소식은 하나님께는 원수가 없다는 것이다. 복음서에 보듯이 하나님은 모든 사람을 똑같이 극진히 사랑하신다. 그분의 사랑은 "관용하는 자들에게만 아니라 또한 까다로운 자들에게도" 향한다. 벧전 2:18 "하나님이 …… 비를 의로운 자와 불의한 자에게 내려 주심이라." 마 5:45 그분의 사랑은 차별이 없으며 모든 사람에게로 향한다.

우리 앞에 놓인
도전

우리가 알아야 할 아주 중요한 사실이 있다. 상처와 결핍에 찌든 사랑이 아니라 하나님의 사랑으로 서로를 사랑하려할진대, 우리는 끊임없이 시도해서라도 원수를 친구로 삼도록 부름받았다.

원수는 우리가 상대를 하나님의 사랑으로부터 배제하기 때문에 원수로 존재한다. 하나님의 사랑으로 사랑한다면 더는 사람들을 하나님께 사랑받을 자격이 있는 부류와 그렇지 못한 부류로 나눌 수 없다. 하나님의 처음 사랑을 우리가 바로 안다면 아무도 그 사랑으로부터 배제될 수 없음을 깨달을 것이다.

마틴 루터 킹 주니어는 "원수를 친구로 변화시킬 수 있는 힘은 사랑뿐이다. 본질상 사랑은 창조하고 세운다"라고 말했다. 또 "우리의 세상과 문명을 구원하는 것은 사랑이다. 그 사랑은 원수까지도 품는 사랑이다"라고도 했다. 에이브러햄 링컨은 이렇게 말했다. "원수를 친구로 삼으면 이로써 원수를 무찌르는 것이 아닌가?"

모두 매우 설득력 있는 말이다. 우리는 하나님이 주시는 그분의 사랑으로 다른 사람을 사랑하도록 부름받았다. "하늘에 계신 너희 아버지의 온전하심과 같이 너희도 온전하라."마 5:48 "너희가 만일 너희를 사랑하는 자만을 사랑하면 칭찬받을 것이 무엇이냐 죄인들도 사랑하는 자는 사랑하느니라 …… 오직 너희는 원수를 사랑하고 선대하며 아무것도 바라지 말고 꾸어 주라."눅 6:32, 35

사람들을 사랑하되 하나님이 사랑하시듯 하라. 그러려면 나 자신부터 하나님의 사랑 안에 든든히 뿌리박고 있어야 한다.

원수는 결국 우리를 파멸로 몰아간다는 사실을 잊어선 안 된다. 원수를 미워하면 우리 자신이 대가를 치른다. 우리가 원수에게 우리 자신을 지배할 힘을 부여하기 때문이다.

나는 사람들을 증오하는 마음을 가질 때 그 증오가 도리어 나를 지배하는 것을 수없이 경험했다. 그들에 대한 증오심이 잠시도 나를 떠나지 않기 때문이다. 그들에 대한 생각은 나를 장악하고 내 삶을 좌우한다. 그 결과 나는 평안을 잃고 질투와 원한과 복수심에 휩싸인다. 이는 그들을 계속 원수로 여기기 때문이다.

반대로 원수를 사랑하면 원수로부터 해방된다. 그들을 사랑하고 돌보면 자유를 얻는다. 사랑과 용서로 원수를 마음에서 놓아 보내면 내가 해방되어 내 안에 만인을 품으시는 하나님의 무한한 사랑이 부어진다. 얼마나 아름다운가. 원수를 용서할 때마다 우리는 새사람이 된다. 두려움에 집착하던 내면의 성난 사람을 떠나보냈기 때문이다.

신앙의 핵심은 자유인이 되는 것이다. 그러면 원수에게 내주던 지배권으로부터 해방되어 자유로이 모든 사람을 하나님의 사랑으로 사랑할 수 있다. 일흔 번씩 일곱 번이라도 용서할 수 있다.

원수는 우리가 하나님의 사랑을 아직 온전히 보지 못했을 때에 한해서만 원수로 존재한다. 미움과 배척과 질투와 원한의 감정은 우리가 만들어 낸 두려움의 감옥에 우리를 가둔다. 자신이 만들어 낸 원수의 피해자가 되는 것이다. 그러나 용서하는 마음을 품고 더는 타인을 기준으로 자신을 규정하지 않는다면, 그때마다 우리는 사랑의 집인 하나님의 집에 깊이 들어가 머물게 된다. 원수를 사랑하면 처음 사랑의 하나님을 더 깊이 깨달아 알게 된다.

예수님의 도전,
어떻게 반응할 것인가

우리는 구체적으로 두 가지 일을 할 수 있다.

원수를 위해 기도하기

누구나 좋아하지 않는 사람을 위해서는 기도할 마음이 생기지 않는다. 많은 노력이 필요한 일이지만 시도해 보라! 당신이 미워하는 사람들을 위해 기도하라.

"예수님, 제가 질색하는 그 사람을 위해 기도합니다."

원수는 내면에 존재하므로 우리는 자신의 아주 내밀한 부분을 상대하는 것이다. 무척 중요한 문제인 만큼 의지를 갖고 기도하라. 원수를 위해 기도하는 것은 하나님의 사랑을 실천하는 일이다. 원수를 위해 기도하면 인류가 본래 하나의 가족임을 영적으로 새롭게 깨달을 수 있다.

구체적인 행동으로 용서하고 섬기기

기독교 공동체의 구성원들은 자백과 용서를 삶의 방식으로 삼을 때 하나 됨을 지킬 수 있다. 결혼이든 우정이든 혹은 더 큰 공동체든 마찬가지다. 감정이 내킬 때까지 기다리면 안 된다! 오히려 감정이 내키지 않을 때일수록 더 행동해야 한다. 감정보다 행동이 앞서게 하라. 감정이 행동을 좌우하지 못하게 하라.

우리는 하나님의 사랑을 안다. 하나님이 나를 사랑하시는 만큼 다른 사람도 속속들이 사랑하심을 안다. 그 사실이 믿어지지 않을지도 모르지만 그것은 중요하지 않다. 상반된 감정이 공존할 때도 우리는 구체적인 행동으로 용서를 표현해야 한다. 우리가 이미 알고 있는 처음 사랑으로 돌아가야 한다. 그 사랑은 당신의 감정이 상처를 입기 전부터 존재해 왔다. 용서는 당신의 삶을 송두리째 바꾸어 놓을 것이다.

미워하는 사람을 향해 어떻게 말해야 할까? 아직 우리 속에 분노와 상처가 가득하다 해도 소통을 회복하고 싶은 마음을 말로 전달할 수 있다. 상대에게서 반응이 없더라도 말이다. 우리는 하나님이 나를 사랑하시는 것처럼 그 사람을 사랑하심을 안다. 참된 계시인 그 진리를 상기하자. 원수를 향한 사랑은 거기서부터 시작된다.

원수를 향한 사랑은 작지만 구체적인 행동으로 시작되며 그 근거는 감정이 아니라 확실한 지식이다. 우리는 하나님이 우리를 사랑하심을 안다. 그 지식에 의지하면 된다. 그러면 감정은 결국 따라오게 되어 있다. 감정이 지식을 따라

온다. 감정이 워낙 지배하는 세상이다 보니 이는 꼭 기억해야 할 중요한 영적 진리다.

함께 궁리해 나가자. 어떻게 하면 하나님의 사랑 안에 자라 가며 그 사랑으로 서로를 사랑할 수 있을까?

예수님을 따르면 마냥 헤매거나 주저앉아만 있던 삶에서 벗어난다. 우리는 육체적으로나 정신적으로 정처 없이 헤매며 살거나 아니면 어떻게 살아야 할지 막막하여 주저앉아만 있었다. 그런 삶은 피곤할 수밖에 없다. 예수님을 따르는 삶은 바른 방향으로 나아간다는 뜻이다. 이제 우리는 어디로 가야 할지를 안다. 우리 삶에 더 분명한 초점이 생긴다.

예수님을 따르는 삶은 어떤 운동에 끌려드는 것과도 다르다. 아무리 선한 목적의 활동이라도 마찬가지며 정서 생활에 도움을 주는 건전한 활동도 예외는 아니다. 예수님을 따르는 삶은 그저 정서나 자아를 다루는 법을 찾는 것이 아니다. 이 삶은 다르다. 실제로 우리의 세상적 자아를 내려놓고 예수님 안에서 참자아를 찾는 것이다.

또 세간의 인식과는 반대로 우리는 예수님을 단순히 모방하도록 부름받지 않았다. 우리는 공동체를 이루어 예수님의 큰 사랑을 다양한 방식으로 세상에 반사하도록 부름받았다. 우리 가운데 누구도 그 사랑을 전부 반사할 수 없다. 그래서 예수님을 따르는 삶은 사람마다 그 의미가 다르다. 추구하는 형태와 모습이 다양하다. 기독교 공동체의 매력은 제자로서의 존재 방식이 다양하다는 것이다. 우리는 활동가가 될 수도 있고 묵상가가 될 수도 있다. 혹은 양쪽을 병합할 수도 있다. 하나님의 사랑을 실천할 수 있는 방법은 많다. 우리 가운데는 아주 열정적인 이들도 있고 조용하여 눈에 띄지 않는 이들도 있다.

혼자 하는
외로운 싸움이 아니다

예수님을 따르는 삶은 그분이 우리를 땅에서 들어 올려 데려가신다는 뜻이 아니다. 흔히 우리는 "나는 예수님을 따르니까 형통할 것이다"라든지 "기도했으니 괜찮을 것이다"라고 말한다. 하지만 알다시피 우리의 삶은 그렇게 단순하지 않다.

때로 우리 안에는 예수님을 해결사로 만들려는 욕심이 있다. 그분이 우리의 문제를 다 해결하실 것이며 만일 문제가 다 해결되지 않는다면 우리 믿음이 부족해서라는 것이다. 이는 예수님의 의중과는 거리가 멀다. 복음서에는 그런 말이 없다. 예수님은 우리의 곤경과 역경을 없애 주시거나 고달픈 시절을 종료시키시는 만능 해결사가 아니다. 예수님은 그런 분이 아니다.

예수님을 따르는 삶이란 우리가 걷는다는 뜻이다. 말하고 살고 관계를 맺는 주체는 우리 자신이다. 우리가 고민하고 노력해야 한다. 어떤 면에서 예수님은 우리 여정 가운데 있는 역경을 없애 주지 않으신다. 감히 말하건대 예수님을 따르면 모든 것이 변하면서도 모든 것이 그대로다. 잘 알다시피 예수님을 따르는 사람제자에게도 인생이 처한 현실은 똑같다. 제자라 해서 삶이 더 쉬워지지 않는다.

예수님을 따르는 삶은 오히려 더 힘들고 고통스러울 수 있다. 그러나 동시에 우리는 특별한 힘을 얻는다. 더는 외로이 홀로 있지 않기 때문이다. 우리는 삶의 고뇌와 씨름과 고통을 마치 아무도 돌보는 이 없는 고아처럼 더는 홀로 감당하지 않는다. 사실 예수님을 따르는 삶은 그분의 발자취를 따라 그분의 길을 걷는다는 뜻이다. 이 어둡고 깨어진 고통의 세상에서 그분이 우리에게 길을 보여 주신다.

예수님을 따르는 삶은 우리를 속속들이 아시는 그분과 동반자로 살아간다는 뜻이다. 프랑스 고어에서 유래한 '컴

패니언'companion; 동반자이라는 영단어는 본래 '함께 빵을 먹는 사람'이라는 뜻이다. 라틴어로 더 거슬러 올라가면 '코므'com는 '함께'를 뜻하고 '파니스'panis는 '빵'을 뜻한다.

예수님을 따르면 그분이 친히 우리의 길동무이자 길잡이가 되어 주신다. 삶이 힘들어도 혼자냐 함께냐에 따라 인생의 양상은 엄청나게 달라진다. 예수님과 함께하는 삶은 여전히 고달파도 더는 외로운 싸움이 아님을 알기에 완전히 새로운 경험이 된다.

예수님과 동행하면 그분이 늘 길동무가 되어 우리와 함께하신다. 예수님은 우리와 함께하시는 하나님이시다. 우리는 길을 보여 주시는 그분께 삶을 송두리째 의탁할 수 있다.

주 예수님, 저를 지배하고 장악하는

많은 것들로부터 해방시켜 주소서.

주님과 함께 있도록 도와주소서.

주님과 더불어 기도하며

주님께 영광과 감사와 예배를 드리게 하소서.

주님의 음성을 경청하고 싶습니다.

주님의 탄생과 삶과 죽음과 부활의 신비를

더 힘써 깨닫고 싶습니다.

주님, 말을 그치고 잠잠히 당신 안에 머물게 하소서.

그 침묵 속에서 제게 말씀하소서. 아멘.

CHAPTER 4

대가 — "너희 십자가를 지라"

답 없는 내 실상을
예수 십자가에 잇대다

²⁸ 수고하고 무거운 짐 진 자들아 다 내게로 오라
내가 너희를 쉬게 하리라
²⁹ 나는 마음이 온유하고 겸손하니
나의 멍에를 메고 내게 배우라
그리하면 너희 마음이 쉼을 얻으리니
³⁰ 이는 내 멍에는 쉽고 내 짐은 가벼움이라

_ 마태복음 11장 28-30절

존재하는 모든 것 곧 하늘과 땅에 있는 모든 것은 하나님의 말씀으로 창조되었다. 그분의 말씀으로 지어지지 않은 것은 하나도 없다. 하나님이 말씀하시자 그 말씀을 통해 만물이 생명을 얻었다.

하나님의 말씀이 우리처럼 육신^{예수님}이 되어 태양계 가운데 한 행성, 한 행성 가운데 작은 나라, 작은 나라 가운데 더 작은 마을에서 나셨다. 만물을 창조하신 말씀이 예수님이라는 인격체가 되었다.

사도 바울이 그 의미를 아주 멋지게 표현했다. 하나님의 말씀이신 예수 그리스도는 만물의 창조주이신데도 신의 특권을 버리고 자신을 비워 우리처럼 되셨다. 그게 다가 아니다. 그분은 우리처럼 되셨을 뿐 아니라 죽기까지 복종하시기 위해 십자가에서 죽으셨다. ^{빌 2:6-8}

만물을 창조하신 하나님이 신성을 벗으셨다. 신의 특권을 버리고 일부러 우리처럼 되셨다. 그분은 우리네 인생을 에누리 없이 다 맛보셨다. 우리처럼 사셨고 우리처럼 죽으셨다. 인간의 실상을 몸으로 겪으셨으며 죽음의 부조리에까지 우리와 동행하셨다.

죽음은 부조리의 극치다. 죽음을 정말로 이해할 사람이 누가 있겠는가? 우리는 간절히 삶을 원하건만 아무도 죽음을 피할 수 없다. 그런데 하나님이 우리처럼 죽음의 부조리 속으로 들어오셔서 인간의 실상을 우리보다 더 완전하게 겪으셨다.

그분은 가장 부조리하게 죽으심으로써 우리와 같이 되셨음을 세상에 나타내셨다. 거룩하신 분이 벌거벗은 모습으로 십자가에 못 박혀 두 범죄자 사이에서 죽으셨다. 이는 우리 그리스도인이 믿는 이해할 수 없는 신비다.

하지만 우리는 정말 믿고 있는 걸까?

만물을 창조하신 하나님이 죄인처럼 십자가에 달리셨다. 버림받아 스러지셨다. 그렇게 하나님은 도저히 믿어지지 않을 만큼 인류와 깊이 하나가 되셨다.

당신에게 들려주고 싶은 한 문장이 있다. 예수님의 아주 중요한 말씀으로 요한복음에 나온다. "내가 땅에서 들리면 모든 사람을 내게로 이끌겠노라."요 12:32 예수님은 십자가에 들리셨고 부활을 통해서도 들리셨다. 이 말씀은 그분이 죽으시고 부활하실 때 모든 사람도 함께 들렸다는 뜻이다. 온 인류를 그리스도의 죽음과 부활의 신비 속으로 이끄셨다는 뜻이다. 모든 사람의 죽음과 상처와 질병과 아픔과 혼돈과 고뇌와 외로움이 그분의 죽음 속에서 받아들여졌다는 뜻이다.

십자가를 지신 예수님이 과연 만물을 창조하신 말씀일진대 우리도 다 그분과 함께 십자가에 들렸다. 우리가 어린이든, 청소년이든, 젊은이든, 노인이든, 미국인이든, 러시아인이든, 아시아인이든, 아프리카인이든, 아일랜드인이든, 니카라과인이든, 죄수든, 자유인이든, 전쟁 중이든, 평화로운 상황이든, 가난한 사람이든, 부유한 사람이든 어느 누구를 막론하고 모든 사람은 골고다의 사건을 통해 그분과 함께 들려 올라갔다. 현재의 세상 사람들만 아니라 그리스도 이전의 역사부터 우리 이후의 끝 모를 역사에 이르기까지 모든 세대 사람들도 마찬가지다. 과거와 현재와 미래의 모든 사람이 그리스도의 죽음과 부활의 신비 속에 함께 들렸다.

온 인류가 십자가에 못 박혔다. 하나님이 몸소 당하지 않으신 고난이란 없다. 외로움이든, 분노든, 고통이든, 배척이든 예외가 없다. 그래서 우리의 분노와 고통과 씨름은 다 하나님 안에 있으며 예수님의 죽음과 부활을 통해 들려 올라갔다. 우리 모두를 부활하신 주님의 몸 안에 모으셨다.

이 사실은 우리에게 큰 희망이 된다. 하나님은 예수님을 통해 온 인류를 향한 그분의 긍휼을 실체로서 현현해 보이셨다.

'컴패션'compassion; 긍휼이라는 영단어가 어디에서 유래했는지 아는가? 라틴어로 '함께'라는 뜻의 '코므'com와 '고난당하다'라는 뜻의 '파시오'passio에서 유래했다. '함께 고난당하는 것'이 긍휼이다. 예수님이 알려 주셨듯이 하나님은 우리 모두와 함께 고난당하신다. 인간의 고난 가운데 하나님이 몸소 겪지 않으신 고난은 없다. 당신의 고난이든 세상 누구의 고난이든 마찬가지다. 이 사실을 알 때 위로가 싹튼다. 하나님은 인간의 모든 고난을 친히 당하신다.

구약에서 긍휼에 해당하는 히브리어 단어는 '라쿰'rachuwm인데 이 단어의 어원은 '자궁'을 뜻하는 '레켐'rechem이다. 그러니까 하나님은 태아의 고난까지도 함께 겪으시는 어머니와 같다.

복음서에 나오는 예수께서 '불쌍히 여기셨다'는 헬라어 표현도 사실은 그분이 '함께 아파하셨다'는 뜻이다. 그분은 사람들의 고뇌와 고통을 폐부 깊숙한 곳으로까지 느끼셨다. 나인성의 과부와 곧 장례를 치를 그녀의 아들을 향해서도 가슴이 미어지듯 아파하시고 불쌍히 여기셨다. 눅 7:11-17 어머니이자 과부인 이 처량한 여인의 고뇌와 고통을 어찌나 사무치게 절감하셨던지 그분은 죽은 아들을 다시 살려 주셨다. 그분의 긍휼은 생명의 활동이 되었다.

나인성의 사건이 아주 중요함은 예수님이 기적을 행하

셔서가 아니다. 이 사건의 위대함은 그분이 여인의 고통을 자신의 고통처럼 깊이 느끼셨고, 그리하여 그것이 생명의 활동이 되었다는 데 있다. 주님이 여인의 고난에 연합하셨기에 거기서 생명이 나왔다. 아들이 다시 어머니에게 선물로 주어졌다.

모든 인간의 고난을 향한 하나님의 긍휼이 가장 극적으로 드러난 것이 바로 십자가다. 이는 우리가 사람들 속에서 하나님의 고난을 보도록 부름받았다는 뜻이다. 고통당하는 사람을 볼 때면 우리는 그 사람이 역경을 어떻게 견뎌 낼까 하는 생각이 든다. 우리가 알아야 할 사실이 있다. 하나님이 이미 그 고통을 당하셨고 지금도 그 사람과 함께 당하고 계신다.

어떤 의미에서 모든 역사는 하나님의 고난이 얼마나 깊은지를 보여 주는 전시장이다. 기독교의 관점에서 볼 때 역사란 하나님의 처절하고도 광범위한 고난이 전개되는 과정이다. 단, 그분의 부활도 함께 전개된다. 모든 고난의 한복판에 끊임없이 돋아나는 희망의 징후가 보이기 때문이다.

어떤 의미에서 모든 역사는 하나님의 고난이 얼마나 깊은지를 보여 주는 전시장이다. 단, 그분의 부활도 함께 전개된다.

우리의

십자가

아침에 눈을 떠 뉴스를 보노라면 오늘도 새로운 사건 사고 소식이 줄을 잇는다. 매일 새로이 채워지는 고통의 소식들이 넘쳐 나고 이런 상황에서도 아침을 챙겨 먹고 출근을 해야 한다는 사실이 망연하게 느껴진다.

그럴 때 이런 생각을 한다. "현실을 정말 심각하게 대한다면 어떻게 살 수 있을까?" 전쟁과 기근과 테러와 환경 재앙에 대한 소식을 매일 듣고 신경을 쓰다 보면 도저히 살 수 없을 것 같은 마음이 든다. 때로 유일한 생존법은 이런 식으로 무감각해지는 것이다. "일일이 다 신경 쓰며 살 수 없어. 그건 너무 벅찬 일이고 세상의 일들은 내 소관 밖이야. 난 내 문제만으로도 바쁘다고."

분노도 있다. 예컨대 지난주 설교에 세상의 온갖 문제가 등장했고 주중에도 내내 같은 뉴스를 들었는데 이번 주 강단에서도 설교자가 또 그런 이야기를 전한다. 그럴 때 우리는 무력감을 느낀다. "우리더러 어쩌라는 말입니까?" 불쾌하고 불안하고 화가 난다. 이런 방식은 아무에게도 도움이 되지 않으며 오히려 우리의 행동을 지레 막을 때가 많다. 아예 이렇게 소리치고 싶을 수도 있다. "좋은 이야기를 좀 할 수 없습니까?"

인간의 고난 앞에서 우리에게 남는 것은 긍휼이 아니라 분노와 무감각과 불쾌감과 외면이다. 어떻게 대처해야 할지 막막하기 때문이다. 너무 무거워 우리의 감당 능력을 벗어나 버리고 만다.

그런가 하면 일상적이고 소소한 고난도 무거운 짐이 된다. 때로는 이런 고난이 우리를 더 압도할 수 있다. 작은 일일수록 우리를 덮쳐 온종일 괴롭힐 수 있다. 짜증나게 하는 상사, 숨 막히는 교통 체증, 사람들의 냉정한 몸짓, 거부하는 말, 업무 실수 등이 우리를 지배할 수 있다. 일상 속 작은 일들이지만 기쁨을 송두리째 앗아 갈 수 있다. 작은 일들이라도 마음속에 눌러앉아 우리를 지배하는 순간 우리의 일상을 짓누르는 무거운 짐이 된다.

그래서 우리는 날마다 짐에 눌려 허덕인다. "이 문제만 사라지만 좋겠다"라고 입버릇처럼 말하지만 실상 그 문제가 사라진다 해도 삶의 문제는 늘 어딘가 남아 있게 마련이다. 누구나 몸에 가시가 있고 각자의 고난이 있다. 모든 인간은 마음속에 깊은 아픔을 품고 있다. 어떤 때는 작은 십자가가 큰 십자가보다 견디기가 더 힘겨워 보인다.

교회는 사랑으로 충만해야 하건만 때로는 교인들도 서로 미워하고 증오한다. 당신이 속한 모임과 공동체에도 감당하기 힘들 정도의 질투와 분노가 있다. 사랑이 있어야 할 곳에 분쟁과 고통이 가득하다.

그럴 때 우리는 하나님과 단절되어 있다고 느낀다. 연대감이 없으면 어깨의 짐은 더 무겁게 짓누르는 법이다. 공유하지 못하고 홀로 져야 하는 짐이니 더 큰 무엇의 일부도 아니다. 무의미하게 우리를 쓰러뜨릴 듯 내리누를 뿐이다.

예수님은 "제 십자가를 지고 나를 따를 것이니라"라고 말씀하신다.^{눅 9:23} 또 "나의 멍에를 메고 내게 배우라 그리하면 너희 마음이 쉼을 얻으리니 이는 내 멍에는 쉽고 내 짐은 가벼움이라"라고 하신다. ^{마 11:29-30}

이것이 그리스도인의 삶의 신비다. 예수님은 우리의 짐과 십자가와 고뇌를 없애 주려고 오신 것이 아니다. 오히려 우리의 짐과 고난과 고통을 그분의 짐과 고난과 고통에 연결하라고 우리를 초대하신다.

그리스도인의 삶에 위대한 초대가 있으니 곧 상한 몸으로 죽으신 하나님의 아들과 연대하여 살라는 부름이다. 초대에 응하여 감히 그분과 연대하여 살면 주님이 우리에게 그분 자신의 짐을 주시는데, 이 짐은 놀라울 정도로 가볍다.

그분이 우리를 위해 이미 짐을 지셨기 때문이다.

그뿐만이 아니다. 하나님만 우리에게 긍휼을 품으시는 것이 아니라 우리도 하나님께 기꺼이 긍휼을 품어야 한다. 즉 라틴어의 의미대로 그분과 '함께 고난당해야' 한다. 우리도 그분의 고난에 동참하는 것이다.

> 예수님은 우리의 짐과 십자가와 고뇌를 없애 주려고 오신 것이 아니다. 오히려 우리의 짐과 고난과 고통을 그분의 짐과 고난과 고통에 연결하라고 우리를 초대하신다.

주님의 고난에 동참하라는 초대는 아마 기독교 전통에서 가장 심오한 차원의 부름일 것이다. 긍휼이란 주님만 우리와 함께 고난당하시는 것이 아니라 우리도 그분과 함께 고난당하도록 초대받았다는 뜻이다.

아시시의 성 프란치스코와 아빌라의 테레사와 십자가의 요한도 다 긍휼을 말했다. 그리스도와 함께 고난당하는 신비를 말했다. 그들은 자신의 고난을 주님의 고난에 동참하는 것으로 보았고, 이 연대에 힘입어 그들의 고난은 부조리성을 상실했다. 여전히 고통스럽고 힘들고 외로웠지만 십자가와 연결되어 그들의 고난은 새로워졌다.

못에 찔려 상하신 그분을 바라보라. 그러면 당신에게로

흘러나오는 하나님의 사랑이 보이고 당신에게로 흘러드는 온기와 새로움이 느껴진다. 당신의 고난과 고통과 고뇌가 짐으로 느껴질 때마다 바로 그 고난으로 십자가에서 몸부림치고 계신 하나님의 아들을 보라. 그러면 당신의 고난은 가벼운 짐이 된다. 하나님이 친히 그 짐을 지시고 우리를 위해 고난당하셨기 때문이다.

십자가를 진다는 말은 고통과 문제를 일부러 찾아다닌다는 뜻이 아니다. 삶의 문제라면 이미 충분하지 않은가. 때로 우리는 십자가를 지려면 자신에게 가혹해야 한다고 생각하지만 예수님의 말씀은 그런 뜻이 아니다. 십자가를 진다는 말은 우선 자신의 고난을 인식하고 인정한다는 뜻이다.

우리는 대개 큰 문제에 관심을 갖지만 내 생각에는 우선 작은 문제에 집중해야 한다. 삶의 거의 매 순간 우리는 고난당하고 있다. 늘 힘든 일은 끊이지 않고 우리를 따라온다. 그래서 늘 대수롭지 않게 무시하는 고통이 있다. 하지만 그 고통도 십자가다. 우리는 그것을 지고 있는가? 인정하고 받아들이는가? 흔히 우리는 가까이에 있는 십자가가 아닌 자꾸만 먼 곳에 있는 십자가를 지려 하는 것 같다.

"그 사람이 오늘 내게 말을 걸지 않았다. 큰일은 아니지만 서운한 감정을 느낀다. 이러한 감정을 부정하지 않고 오늘 내가 져야 할 작은 십자가로 고백한다."

"친구에게서 연락이 없었다. 마음의 상처가 된다. 아무 일도 없다는 듯이 이 상처를 무시할 필요는 없다."

정말 놀랍게도 이런 작은 씨름을 볼 수만 있어도 우리는 서서히 내면의 집으로 돌아와 평정을 되찾는다. 더 무서운 일이 벌어질까 봐 겁내지 않는다. 두려워할 필요가 없다. 이미 자신의 씨름을 인정해서 알고 있기 때문이다.

예수님은 "너희 십자가를 지라"라고 말씀하신다. 십자가를 일부러 만들어 내거나 애써 찾아다니라 하지 않으시고 그저 십자가를 지라고 하신다. 이는 자신의 고통을 들여다볼 용기를 가지라는 말씀이다.

우리는 이런 내면의 고통을 부정하는 문화 속에 살고 있다. "친구가 죽었지만 나는 의연해야 한다"라는 것이다. 사랑하는 이의 죽음은 쓰라린 고통이다. 사람들이 오랫동안 애도하던 시절이 있었다. 그들은 고통을 오롯이 느꼈고 내면의 비애가 열매를 맺을 때까지 고통을 품었다.

여러모로 우리는 정말 아프

> 십자가를 일부러 만들어 내거나 애써 찾아다니라 하지 않으시고 그저 십자가를 지라고 하신다. 자신의 고통을 들여다볼 용기를 가지라는 것이다.

다. 그러니 고통을 무시하지 말자. 고통을 부정하지 말고 "그래, 이것은 어려운 문제지만 십자가로 지겠다"라고 말하자. 고통을 인정하며 이렇게 말하자. "이것은 내게 아픈 부분이다. 그러나 이 또한 내 삶이며 고통까지도 내 삶이다. 나는 이것을 품을 수 있을까? 인정하고 받아들일 수 있을까? 나는 이 삶을 감당할 수 있다. 살아 낼 것이다. 고통스럽고 아프지만 그래도 내 몫이니 받아들일 것이다. 고통을 계속 무시하다가는 삶의 기쁨마저 잃어버리고 말 것이기 때문이다."

예수님도 먼저 십자가를 지라고 말씀하신다. "너희 십자가를 지라. 십자가를 지라." 그다음에 이어지는 요구가 "나를 따르라"이다. 예수님의 말씀은 곧 이것이다. "십자가를 지는 삶도 나를 따르는 제자도의 일부니 네 십자가를 나와 연결하라. 네 모든 짐을 하나님의 길과 연결하라."

예수님은 우리를 불러 강권하여 고통을 십자가 앞으로 가져와 치유받게 하신다. 이것이 기도 생활이다. "주님, 제가 사랑하는 이들이 저를 좋아하지 않으니 상처가 됩니다. 주님도 거부당하셨지요. 제가 거부당하는 이 경험을 주님과 연결하고 싶습니다." 이렇게 아뢰는 것, 그것이 기도다.

이런 기도도 가능하다. "주님, 오늘 저는 아주 두렵습니다. 왠지 모르게 불안해요. 엄연히 존재하는 이 두려움을 겟세마네 동산의 주님 앞으로 가져옵니다. 주님의 고뇌와 연결하면 제 두려움이 주님의 씨름이 됩니다. 이 또한 삶의 씨름입니다."

우리는 어떻게든 용기를 내서 이렇게 아뢰어야 한다. "주님, 제 몸이 아픕니다. 이 고통을 의사가 왜 해결하지 못하는지 모르겠지만 주님은 몸의 고통이 무엇인지도 아십니다. 주님은 몸으로 부활하신 하나님이시며 그 몸에 상처를 입으셨습니다. 주님의 손과 발과 옆구리에 상흔이 있습니다. 주님의 상처 속에 제 상처도 있음을 보게 하소서. 그리하여 상처 때문에 원망과 분노와 불만을 품는 것이 아니라 상처 덕분에 주님의 죽음과 부활의 신비에 눈뜨게 하소서. 제 전 존재로 주님 앞에 나아옵니다. 고뇌와 고통까지 다 가져왔으니 제 십자가가 주님의 십자가와 하나 되게 하소서. 제 짐이 곧 주님의 짐이 되는 이 경험이 저를 새로운 생명과 희망으로 충만하게 합니다."

이것이 우리가 드릴 기도다.

나는 걱정이 많다. 당신도 그럴지 모른다. 우리는 많은 일로 번민한다. 내일 일어날 일과 어제 일어난 일을 염려하고 이 사람과 저 사람을 걱정한다. 우리는 이 모든 걱정과 번민을 주님 앞으로 가져가 그분의 십자가와 연결하고 있는가?

주님이 모든 고난을 이미 당하시고 부활의 몸으로 들리셨으니 그분 앞으로 당신의 근심을 가져가라. 당신은 정말 그분과 연대하고 있는가? 그래야 새로운 일이 벌어질 수 있다. 그분과 연대하면 새로운 것이 태어난다. 우리가 하나님의 빛과 연결될 때마다 새로운 일이 벌어지고 속사람이 새로워진다. 그러나 "내 고통은 너무 창피해", "너무 하찮아서 아무에게도 말할 수 없어" 하면서 고통을 숨기거나 그분과 단절시키면 그때마다 우리의 짐은 더 커지고 무거워진다.

기도하면 우리 삶 전체가 하나님의 삶과 연결된다. 하나님의 사랑이 영적 혈관인 우리 마음과 존재를 타고 흐른다. 존재 양식이 전혀 새로워지고 고난을 살아 내는 방식도 완전히 달라진다. 어떤 의미에서 희로애락을 초월하여 아주 새로운 세계로 들어갈 수 있다.

당신의 염려를 기도로 전환하라. 당신의 두려움을 하나님의 두려움과 연결하라. 당신의

> 우리가 하나님의 빛과 연결될 때마다 새로운 일이 벌어지고 속사람이 새로워진다. 그러나 고통을 숨기거나 그분과 단절시키면 그때마다 우리의 짐은 더 커지고 무거워진다.

우울을 십자가에 죽으신 하나님의 임재 안에서 보라. 그분이 모든 고난을 살아 내셨으니 그분 앞으로 가져가라. 그러면 우리는 예수님의 임재 안에서 고통과 기쁨과 슬픔과 즐거움을 초월하여 살 수 있음을 깨닫게 된다. 기도하면 당신의 삶이 하나님의 삶과 연결된다.

한번은 극도로 우울했던 적이 있다. 모든 일이 엄청난 슬픔으로 느껴졌다. 마침 그때 애리조나 주 플래그스태프에 있던 터라 그랜드캐니언에 가기로 했다. 수십억 년이나 된 창조 세계를 보면서, 만일 그 세월을 한 시간으로 압축한다면 내가 태어난 때는 마지막 1초도 아니고 그 1초를 무수히 나눈 한 찰나임을 깨달았다.

세상을 볼 때는 도대체 왜 이렇게 문제투성이인가 싶었는데 그랜드캐니언에서 그 거대한 심연의 절경을 보는 동안 정체 모를 우울이 사라졌다. 침묵이 느껴졌다. 자연의 불가사의 앞에서 이런 생각이 들었다. "마치 세상의 짐을 다 짊어지기라도 한 듯 나는 무엇을 그렇게 염려하는가? 세상은 내가 있기 전에도 살아남았고 내가 떠난 후에도 오랜 세월 계속될 것이다. 그러니 그냥 삶을 향유하면 어떨까? 제대로 살아 보는 것이다."

그랜드캐니언의 잔상은 오래도록 나를 떠나지 않았다.

하나님도 그랜드캐니언과 같으시다. 그분은 온 인류의 고난을 당하셨다. 그분의 고난 속으로 들어가면 내 고난의 짐은 가벼워진다. 고통이 사라져서가 아니라 그분의 사랑에 둘러싸이기 때문이다. 이제 나는 고통 앞에 무력하게 쓰러지는 것이 아니라 고통을 인정하고 살아 낼 수 있다. 그랜드캐니언은 나를 하나님의 사랑의 심연 속으로 초대하여 내가 무한한 사랑과 돌보심을 받고 있음을 경험하게 했다. 그 초대에 응하여 나는 새로운 마음 곧 하나님의 마음으로 삶에 다시 들어섰다.

두려워서가 아니라
사랑해서 따르는 길

우리 가운데 많은 사람이 두려움으로 예수님을 따른다. 그나마 따르고 있다면 말이다. 그러나 지옥에 대한 두려움, 거부당하는 것에 대한 두려움으로 따른다면 그것은 결코 주님을 따르는 삶이 아니다. 두려워하며 따르는 삶은 제자도의 형태일 수 없다. 그러나 우리 안에는 두려움이 많다. 두려움에 젖어 있는 우리 모습이 어떤 때는 아찔하게 느껴진다.

우리는 이렇게 묻는다. "그분을 따르지 않으면 어떻게 될까?" "이다음에 죽어서 그분 앞에 서면 어떻게 될까? 무어라고 말할까?" 인정하지 않을지 모르지만 간혹 우리가 하는 말이 있다. "일단 예수님을 따르는 것이 제일 안전한 길일 거야. 앞일은 아무도 모르는 거니까."

예수님은 우리가 그분을 따르되 두려워서가 아니라 사랑해서 따르기를 원하신다. 신약 곳곳에서 들려오는 말이 "두려워하지 말라"이다. 천사가 나타나 사가랴와 마리아에게도 그렇게 말했고^{눅 1:13, 30} 예수님이 부활하신 무덤에서도 천사들이 "너희는 무서워하지 말라"라고 했다.^{마 28:5} 예수님도 친히 "안심하라 나니 두려워하지 말라"라고 말씀하셨다.^{마 14:27}

두려움은 하나님에게서 온 것이 아니다. 그분은 '처음 사랑'의 하나님이시기 때문이다. 요한이 이를 아주 멋지게 표현했다. "사랑 안에 두려움이 없고 온전한 사랑이 두려움을 내쫓나니."^{요일 4:18} 하나님의 사랑은 온전한 사랑이어서 우리에게 있는 두려움의 방벽을 뚫고 들어온다. 예수님은 "두려워하지 말고 나를 따르라"라고 말씀하신다.

요한복음의 아름다운 마지막 장면을 기억하는가? 예수

113

님이 베드로에게 "시몬아, 네가 나를 사랑하느냐"라고 물으시자 그는 "주님, 제가 주님을 사랑하는 줄 주님께서 아십니다"라고 답한다. 그분이 다시 "시몬아, 네가 나를 사랑하느냐"라고 물으시자 베드로도 다시 "제가 주님을 사랑하는 줄 주님께서 아십니다"라고 답한다. 예수님이 세 번째로 물으신다. 베드로는 약간 불안해져서 "주님, 제가 주님을 사랑하는 줄 주님께서 아십니다"라고 아뢴다. 이에 예수님은 "제자야, 그러면 내 양을 먹이라. 내 양을 치라"라고 말씀하신다. 요 21:15-17 참조

그다음에 하신 말씀이 우리가 지금 들어야 할 가장 중요한 말씀이다. "네가 젊어서는 스스로 띠 띠고 원하는 곳으로 다녔거니와 늙어서는 네 팔을 벌리리니 남이 네게 띠 띠우고 원하지 아니하는 곳으로 데려가리라."요 21:18

이런 뜻이다. "네가 정말 사랑 안에 있으면 스스로 택하지 않은 곳이라도 능히 남에게 이끌려 갈 것이다. 나를 사랑하는 사람은 자기가 원하지 않는 곳에도 갈 수 있다."

예수님은 모든 심리학을 전복시키신다.

그분은 "네가 젊어서는 팔을 벌리리니 남이 띠 띠우겠으나 늙어서는 네가 원하는 대로 할 수 있느니라"라고 말씀하지 않으신다. 정반대로 이렇게 말씀하신다. "네가 젊어서는

원하는 대로 할 수 있으나 늙어서는 원하지 않는 곳으로 이끌려 가리라."

영적 삶은 점점 더 남에게 잘 이끌려 험지로 가는 삶이다. 자신이 원하지 않더라도 남이 데려가는 자리로 가는 삶이다. 예수님께 그곳은 십자가였다. 베드로에게도 십자가였다. 바울과 모든 제자에게는 많은 고난이 있었다. 이는 피학 성향이나 자신을 가혹하게 대하는 자학이 아니다. 오히려 사랑 안에 머무는 삶이다. 철두철미하게 사랑 안에 있다 보니 원하지 않는 곳에도 얼마든지 갈 수 있다.

흥미로운 것은 우리가 사랑 안에 머물면 사랑 밖에 있는 사람들이 생각하는 방식으로 고통을 느끼지 못한다는 것이다. 참으로 사랑 안에 있으면 우리의 눈길은 상처에 머물지 않고 사랑의 대상에게 머문다. 우리는 그저 한 걸음 또 한 걸음 매 순간에 충실할 뿐이다. 부모는 아픈 자녀의 곁을 떠나지 않는다. 사랑하는 아이를 결코 홀로 내버려 두지 않는다. 사람들은 아픈 자녀를 지키는 부모를 보고 큰 고통 속에 있다고 말할 것이다. 하지만 부모는 아이를 너무 사랑하기 때문에 어떤

영적 삶은 점점 더 남에게 잘 이끌려 험지로 가는 삶이다. 자신이 원하지 않더라도 남이 데려가는 자리로 가는 삶이다.

고통 속에서도 자녀의 곁에 남을 수 있는 힘을 얻는다.

　사랑 안에 있으면 아무리 험한 곳으로 가도 고통이 사랑을 앞서지 못한다. 나는 고난이 없다고 말하는 것이 아니라 우리의 관심이 고난에 집중되지 않는다고 말하는 것이다. 어떤 이들은 이렇게 말할 수 있다. "세상에, 이런 고생과 고통이 있을까? 누군들 이를 어떻게 다 감당할까? 끔찍하다. 나라면 결코 견디지 못할 것이다." 고난을 살아 내는 사람의 능력이 겉보기에는 불가능한 위업처럼 보일 수 있다.

　우리가 가난한 사람들이나 임종을 앞둔 환자나 어려움에 처한 이웃을 섬기게 된다면, 혹은 직장까지 버리고서 가치 있다고 생각하는 일에 뛰어든다면 사람들은 그런 우리를 두고 정말 대단하다고 말할지 모른다. 그때 하나님의 사랑 안에 거하는 우리는 이렇게 대답할 수 있다. "나는 대단하지 않습니다. 쉬워요. 당신이 말하는 모든 문제가 내게는 보이지 않습니다. 나는 그저 예수님을 따를 뿐이에요. 여기까지 오리라고는 나 역시 전혀 생각지 못했습니다. 그저 한 발 한 발 주님의 사랑의 인도함을 받아 왔을 뿐입니다."

　병이 깊은 자녀를 둔 어머니라면 평생 자녀의 곁을 지켜야 할 수 있다. 자신의 모든 자유를 잃고도 자녀의 곁을 지킬 수 있으리라고는 본인도 알지 못했을 것이다. 그런 일이 어떻게 가능하냐고 묻는 이들에게 어머니는 이렇게 말한다. "다 감당하게 됩니다. 사랑으로 그분을 따르니 두렵지 않아요."

예수님을 따르는 삶은 순전히 그분을 사랑해서 따른다는 뜻이다. 우리는 두려워서가 아니라 사랑해서 주님을 따르는 사람들이다.

사랑하는 주님, 볼 수 있는 눈과

들을 수 있는 귀를 주소서.

어둠 속에 빛이 있어 모든 것을 새롭게 합니다.

고난 속에 새 생명이 있어 제게 새 땅을 열어 줍니다.

슬픔 너머에 기쁨이 있어 제 마음을 소생시킵니다.

그렇습니다, 주님.

주님은 살아 계시며, 일하시며, 사랑하십니다.

주님이 진정 빛이시요, 생명이시요,

진리이심을 고백합니다.

사람, 업무, 계획, 프로젝트, 아이디어,

회의, 건물, 미술, 음악, 문학……

이 모든 것은 제가 그것들을

주님의 임재와 영광과 주님 나라의 반영反映으로

보고 들을 때에만

제게 참기쁨과 평안을 가져다줄 수 있습니다.

그러니 저로 보고 듣게 하소서.

주님, 주님의 시각을 허락하시고

제 삶의 길잡이가 되셔서

저를 둘러싼 모든 것에서 새로운 의미를 얻게 하소서.

아멘.*

---

*   **출전** 헨리 나우웬, 《꼭 필요한 것 한 가지 기도의 삶》(*The Only Necessary Thing*, 복있는사람 역간).

CHAPTER 5

보상 — "내 기쁨이 너희 안에 있으리라"

마음이 시린 날에도
'생명의 하나님'을 누리다

²⁰ 내가 진실로 진실로 너희에게 이르노니
너희는 곡하고 애통하겠으나 세상은 기뻐하리라
너희는 근심하겠으나 너희 근심이 도리어 기쁨이 되리라
²¹ 여자가 해산하게 되면 그때가 이르렀으므로 근심하나
아기를 낳으면 세상에 사람 난 기쁨으로 말미암아
그 고통을 다시 기억하지 아니하느니라
²² 지금은 너희가 근심하나 내가 다시 너희를 보리니
너희 마음이 기쁠 것이요 너희 기쁨을 빼앗을 자가 없으리라

_ 요한복음 16장 20-22절

내가 이것을 너희에게 이름은 내 기쁨이 너희 안에 있어
너희 기쁨을 충만하게 하려 함이라

_ 요한복음 15장 11절

예수님을 따르는 삶과 기쁨은 서로 떼어 놓을 수 없다. 사랑 안에 머물면 기쁠 수밖에 없기 때문이다. 예수님이 우리에게 주려고 가져오신 가장 큰 선물은 기쁨이기에 우리는 그것을 충분히 받아 누려야 한다.

기쁨은 논하기 쉬운 주제가 아니다. 어쩌면 우리는 슬픔에 대해 말하는 것이 더 익숙하다. 하지만 기쁨에 대해 말하는 법도 배워야 한다. 기쁨은 십자가를 지고 예수님을 따르는 사람들에게 반드시 주어지는 큰 보상이기 때문이다.

기쁨을 말하는 일은 어렵지만 우리는 그것에 대해 계속해서 나누어야 한다. 주변을 둘러보면 사람들의 표정이 매우 진지하다는 것을 알 수 있다. 길을 걷다 보면 사람들은 몹시 심각한 얼굴을 하고 있다. 모두가 매우 진지한 일을 한다. 각자의 용무를 보고 있고 저마다 시급한 일들이라 당장 처리하지 않으면 안 된다. 흥미로운 점은 이런 심각성과 완고함과 침울함은 비교적 유복한 사람들의 특성일 때가 많다는 것이다. 나는 신학교에서 학생들을 가르치는데 그들에게서 작은 미소를 얻어 내는 일이 좀처럼 쉽지 않다.

"논문을 써야 하니 방해하지 마십시오. 아주 중요한 비평입니다." 심각성은 성취와 맞물려 있는 것 같다. 우리는 저마다 맡은 프로젝트가 있고 목표를 실행하여 성취해야 한다. 그래서 한없이 심각해진다.

나는 페루 리마 안에 있는 극빈 지역에서 한동안 지낸 적이 있었다. 그곳에는 모든 방문객에게 또렷이 각인되는 한 가지 인상이 있다. 미화하려는 것이 아니라 리마의 빈민들은 온갖 역경에 싸여 있는데도 한가하게 신세타령이나 하지 않는다.

내가 리마에 간 이유는 거기가 프로젝트 현장으로 좋겠다는 생각에서였다. 나는 그 모든 가난 속에서 가치 있는 일을 해볼 작정이었다. 나는 도시를 벗어난 팜플로나 알타라는 거주 구역의 어느 가정집에 머물렀다. 매우 건조한 사막 지대인데도 주변 산비탈에 수천 채의 판잣집이 세워져 있었다.

파블리토, 마리아, 소피아, 파블로, 어린 조니와 함께 살고 있는 그 집에서 교회까지 가려면 날마다 적어도 20분씩 걸어야 했는데 매번 놀라운 일이 벌어졌다. 집을 나서면 집집마다 어린 아이들이 나를 보러 달려 나와 "신부님, 신부님" 하면서 붙잡았다. 이렇게 말쑥한 장신의 미국인을 보는 일은 흔하지 않는 일이기에 아이들은 우르르 손을 내밀어 어느새 내 모든 손가락을 하나씩 잡고는 놓아 주지 않았다!

"날 놓아 주렴. 얼른 가서 가난한 사람들을 도와야 하거든!"

그래도 아이들은 한사코 나를 놓지 않고 아래로 잡아당
겼다. 그러다 내가 모래 바닥에 앉으면 일제히 쳐다보며 내
게 손을 대 보고 내 다리를 만졌다. 어떤 아이는 내 입을 보
며 "입이 정말 크시네요!"라고 말했다. 나와 함께 있는 것만
으로도 아이들이 어찌나 좋아하던지 거창한 5개년 계획을
품고 간 내가 그 자리에 그러고 있었다.

"가야 해. 가난한 사람들을 도와야 한다니까." 그래도 아
이들은 나를 꼭 잡고는 "우리랑 놀아 주세요. 날씨도 좋잖아
요"라고 말했다. 가치 있는 일이 있다면 지금 여기, 바로 내
앞에 있다고 이 어린아이들이 말해 주는 것 같았다.

"우리 공놀이해요. 그냥 웃어요! 신나게 웃어요!" 아이들
은 웃고 떠들고 기어오르며 재미있게 놀았다. 순수하게 즐
길 줄 아는 모습이 그저 놀라울 뿐이었다!

우리에게 역방향의 선교가 필요함을 나는 그곳의 아이
들을 통해 깨달았다. 선교는 가난과 고생 속에 있는 라틴아
메리카 사람들로부터 이곳 북미의 우리에게로 흘러가야 했
다. 그들은 고난과 고뇌 속에도 기쁨이 있다는 사실을 우리
에게 보여 주었다. 웃음과 놀이는 바로 하나님의 치유다.

압제와 기아와 빈곤을 경감하기 위해 애쓸 필요가 없다

는 말이 아니다. 다만 가난 속에 피어나는 아이들의 기쁨에 동참할 수 없다면 우리가 정말 그들에게 줄 수 있는 것이 무엇이겠는가? 마치 우리만이 세상을 구원할 수 있다는 듯 너무 심각해지지 말자. 하나님만이 세상을 구원하신다. 이것이야말로 우리가 늘 기뻐할 수 있는 이유다.

기쁨에 대해 말하기란 어렵다. 내가 아는 네덜란드의 한 교수는 3년 동안 불안에 대해 논했는데 키르케고르, 사르트르, 카뮈 등 불안에 대한 글쓰기를 본업으로 삼은 많은 인물을 연구했다. 내가 "기쁨에 대해 강연해 주실 수 있습니까?"라고 물었더니 그는 "노력해 봤지만 기쁨에 대해서는 할 말이 별로 없습니다"라고 말했다.

> 마치 우리만이 세상을 구원할 수 있다는 듯 너무 심각해지지 말자. 하나님만이 세상을 구원하신다. 이것이야말로 우리가 늘 기뻐할 수 있는 이유다.

만일 내 다리가 아프다면 나는 그 아픔에 대해 말할 수 있다. 수많은 어휘를 써서 통증을 묘사할 자신이 있다. 그런데 다리가 아프지 않다면 그런 생각조차 하지 않는다. 몸이 성할 때는 건강에 대해 말하지 않는다. 내 언어는 제한되어 있다. 내 언어는 기쁨보다 불안을 표현하는 데 훨씬 더 정교

하다. 한편으로 이는 우리 삶에 기쁨이 기본으로 깔려 있다
는 좋은 신호일 수도 있다. 어쩌면 우리는 기쁨을 생각보다
더 자주 경험하고 기쁜 삶이 우리의 평상시 모습인지도 모
른다. 기쁨이 워낙 평범한 일이라면 굳이 말할 필요가 없기
때문이다.

　나는 기쁨을 희열이란 단어로 표현하고 싶다. 나는 희열
ecstasy을 생각하다가 이 단어가 정적인static 데서 벗어난다는
ec 의미임을 깨달았다. 희열이란 늘 똑같이 정체된 상태에
서 벗어난다는 뜻이다. 희열의 삶은 고정되고 경직된 상태
에서 새로운 자리로 계속해서 나아가는 것이다. 우리는 낡
은 것에 만족하지 않는다. 기쁨이란 움직이지 않는 자리, 곧
죽음의 자리에서 벗어나는 꾸준한 이동이다.

　인생의 모든 것은 변한다. 우리는 인생에서 늘 변화를
겪고, 변화가 멈추는 순간 죽음이 찾아온다. 변화가 없는 삶
은 경직되고 굳어지고 죽어 간다. 우리가 중요하게 깨달아
야 할 사실이 있다. 기쁨이란 정체된 곳에서 벗어나 생명을
향해 뛰어오르는 것이다. 기쁨은 늘 새로운 삶의 경험에 관
한 것이다.

　기쁨은 새로움과 맞물려 있다. "또 그 해묵은 기쁨이로
군"이라고 말하는 사람은 없다. 그럴 리가 있겠는가! 해묵은

슬픔은 있어도 해묵은 기쁨은 없다! 기쁨은 언제나 새롭기 때문이다. 그래서 우리는 "와! 감격스럽지 않니?"라고 감탄한다. 새로움은 늘 아름답게 다가오며 이전에 보지 못한 살아 있는 그 무엇이다. 아기들에게는 하루하루가 다 새롭다. 어린 생명들은 멈추지 않고 늘 자라 간다.

기쁨은 곧 생명이다. 생명이란 낡고 정체된 데서 새롭고 역동적인 데로 나아간다는 뜻이기 때문이다. 우리 앞에 놓인 큰 도전은 예수님이 주시는 기쁨을 받아 누리는 것이다. 예수님은 살아 있는 자들의 하나님이시다. 그분은 생명을 주시되 더 풍성히 주려고 우리에게 오셨다. 상처와 욕구의 사슬을 끊고 사망을 이기려고 오셨다. 그분이 오셔서 주시는 그 생명이 바로 기쁨이다. "내가 이것을 너희에게 이름은 내 기쁨이 너희 안에 있어 너희 기쁨을 충만하게 하려 함이라."요 15:11 그분은 "내가 온 것은 사망을 이기고 너희에게 끝없는 생명을 주기 위해서다"라고 말씀하신다.

주님이 주신 기쁨을 받아 누리기란 그리 녹록지 않다. 우리 안에 있는 두려움이 기쁨에 저항하기 때문이다. 생명과 기쁨의 자리 대신 사망과 정체된 자리를 택하도록 무언가가 속에서 우리를 유혹한다. 바로 두려움이다. 두려움 때문에 우리는 변화가 없는 상태에 집착한다. 언제든 통제할 수 있는 안전한 일상에 매달린다.

우리는 두려움 속에서 대개 두 가지를 선택한다. 익숙한 방식을 고집하며 살거나 당황하여 아무렇게나 살 수도 있다. 전자를 틀에 박힌 행동이라 하고 후자를 뿌리 없는 행동이라 한다. 두 방식 모두 두려움이 낳은 결과들이다.

틀에 박힌
행동

생각해 보라. 우리는 두려울 때면 익숙한 틀과 판에 박힌 방식을 고집하면서 이렇게 말한다. "여기서는 내 방식대로 하니까 더 이상 새로운 의견은 필요하지 않아." "해 아래 새것은 없어." "그냥 늘 하던 대로 하자." "알다시피 내가 이미 다 경험한 일이기에 같은 방식으로 처리하겠어."

두려움 때문에 인간은 안전에 집착한다. 우리는 대개 모험을 통해 활기를 얻기보다 차라리 좀 불행하더라도 안전한 쪽을 선호한다. 불평을 위안처럼 삼는 이들도 있다. "잘 지내나요?"라는 물음에 그들은 이렇게 대답한다. "그런 대로 괜찮지만 불만이야 늘 있지요. 그러니 내가 마냥 잘 지낸다고는 생각하지 마세요!" 우리는 불평으로부터 이상한 유의 만족감을 얻는다.

우리는 타인이든 자신이든 건강의 문제든 혹은 다른 어떤 부분에서든 부정적으로 말하는 데 익숙하다. 우리는 여럿이 둘러 앉아 불평과 교묘한 험담을 나누며 일말의 안도를 느낀다. 이런 식이다. "상황이 좋지 않군. 어차피 앞으로도 좋은 날은 없을 테니 세월이나 가라지. 세상이 이러니 우리도 늘 힘들 수밖에 없지 않겠어?"

우리는 안전이 제일이라서 움직일 마음이 없다. "무리하지 말고 그냥 현상 유지나 하자. 어차피 더 나아질 것도 없으니 현실을 봐야지." 이렇듯 우리는 두려울 때면 자꾸 안전을 택한다. 생각해 보면 안전을 택하는 일은 개인뿐 아니라 사회 전반에 걸쳐서도 마찬가지다. 알고 보면 세상의 안전 집착은 두려움과 맞물려 있다.

우리는 안전을 위해 폭탄을 만든다. 우리는 적으로부터 자신을 방어하려 한다. 그러나 이러한 안전에 대한 두려움이 정작 폭탄이 터지기도 전에 우리를 먼저 죽게 만든다는 사실을 알고 있다. 안전에 대한 두려움은 우리를 경직되고 딱딱하게 만든다.

전쟁에 대한 두려움은 그 자체만으로도 파멸을 일으킨

다. 우리의 자녀들도, 우리의 마음과 생각도 파괴한다. 두려움은 삶을 망가뜨리기 때문에 우리는 안전에 끊임없이 집착한다. 우리는 끝내 일어나지도 않을 전쟁에 대비하느라 엄청난 돈과 시간과 재능과 에너지를 소모하지만 그럼에도 우리 마음과 생각은 피폐해져 죽음의 세력을 끌어안게 된다. 이는 정말 위험한 일이다.

당연히 그러한 삶에 기쁨은 없다. 안전을 일차 관심사로 삼을수록 기쁨과는 점점 멀어질 수밖에 없다. 기쁨은 안전한 자리에서 뛰쳐나와 새로운 일을 시도할 때 얻을 수 있다. 두려움에서 벗어나 기쁨을 선택하는 것은 끊임없는 훈련이다. 한쪽에는 안전이 있고 다른 한쪽에는 자유, 기쁨, 생명이 있어 우리는 늘 둘 가운데 하나를 선택해야 한다.

기쁨은 안전한 자리에서 뛰쳐나와 새로운 일을 시도할 때 얻을 수 있다. 두려움에서 벗어나 기쁨을 선택하는 것은 끊임없는 훈련이다.

뿌리 없는
행동

두려움에 대한 또 다른 반응은 정반대로 방종이다. 두려움은 안전지대에 집착하게 할 뿐 아니라 그냥 되는 대로 살게 만든다. 공황 상태에 빠져 일상적인 일을 행하는 것을 두려워하는 이들은 아무렇게나 산다. 뿌리를 잃고 닻을 거둔다. 어찌할 바를 모른 채 천방지축으로 헤맨다. 두려움이 너무 커서 자신이 하루하루 어떻게 사는지도 모르고 있다.

세상을 노닥거리며 사는 셈이다. 그들은 섹스나 술이나 마약 같은 시시한 쾌락을 찾아다니며 아무 곳에서나 당장 욕심을 채운다. 하지만 그 어디도 편안히 거할 집으로 느끼지 않는다. 그들은 뿌리를 잃었기에 정처 없이 방황한다.

이는 기쁨도 아니고 자유도 아니다. 닻이 없는 사람은 불안하고 초조하게 나다니며 이것저것을 해 볼 뿐이다. 그들에게는 편안히 거할 집이 없다. 마음속에 집이 없으면 그어떤 기쁨도 누릴 수 없다.

이에 대해 예수님은 많은 말씀을 하셨다. "말세에 사람들이 나다니며 방탕하고 술 취하리니 너희는 그들을 따르지 말라. 뿌리를 잃지 말라. 너희는 쉬지 말고 기도하며 머리를 꼿꼿이 들고 인자의 임재 안에 있으라. 확신을 품고 뿌리를 지키라. 늘 내게 붙어 있어 사랑 안에 머물라."

말하자면 우리는 두려움 때문에 틀에 박힌 전통 방식에 집착할 수도 있고, 두려움에 떨며 이성을 잃고 방종에 빠질 수도 있다. 두 가지 방식 모두 예수님이 말씀하시는 그리스도인의 기쁨이 아니다.

참된
기쁨이 있다

그렇다면 기쁨이란 무엇인가? 진정한 희열이란 무엇인가?

잠시 예수님을 들여다보자. 그분이 재미있는 분이셨는지는 모르겠다. 그렇지 않으셨을 것 같다. 그분이 행복하셨는지도 확실히 모르겠다. 하지만 그분은 기쁨으로 충만하셨고, 예수님의 기쁨은 늘 친밀했던 하나님과의 관계에서 태동했다. 하나님 아버지와 나누는 교제에서 기쁨이 흘러나왔고 아버지께 깊이 속했다는 사실에서 기쁨이 솟아났다. 그분은 "너희는 나를 떠날 수 있고 나를 잊을 수 있으나 아버지는 결코 나를 버리지 않으신다. 신실하신 아버지께서 늘 내 곁에 계신다"라고 말씀하셨다.

예수님이 하시는 말씀을 들어 보라. 그분은 깊은 소속감과 세심한 경청을 말씀하신다. '순종'obedience이란 온몸으로 듣는다는 것이다. 라틴어로 '오바우디레'obaudire는 경청을 뜻한다. 예수님은 늘 아버지의 음성을 세심하게 들으시고 순종하셨다. 자신을 보내신 분과 늘 하나로 이어져 있으셨다. 그분은 혼자라고 느끼신 적이 없다. 사람들이 그분을 배반하고 십자가에 못 박고 얼굴에 침 뱉고 채찍으로 때릴 때조차 그분은 하나님과의 소통을 잃지 않으셨다.

느껴지지 않았을지언정 그 소통을 잃으신 것은 아니다. "나의 하나님, 나의 하나님, 어찌하여 나를 버리셨나이까"라고 외치실 때는 하나님의 임재가 느껴지지 않았으나 그래도 그분은 하나님이 함께하심을 아셨다. "내 아버지는 결코 나를 혼자 두지 않으신다." 이것이 바로 기쁨의 닻이다. 기쁨의 닻은 하나님 아버지와의 소통에 연결되어 있다.

예수님은 아무리 힘들고 어려운 상황이라 할지라도 하나님과의 소통 속으로 들어가실 수 있다. 육체적으로나 정서적으로만 아니라 영적으로도 그러하시다. 그분은 하나님께 뿌리를 두고 계시기에 새로운 사랑의 방법을 모색하실 수 있다. 어떤 틀이 굳어져 더는 하나님께 도움이 되지 않을 때 예수님은 그 틀을 과감히 깨뜨리신다. 그래서 주님은 틀에 갇혀 있던 바리새인들을 질타하셨다.

그분은 뿌리를 잃은 삶에 대해서도 경고하신다. "내가 너희 안에 거하듯이 너희도 내 안에 거하라. 아버지께서 나를 사랑하시듯 나도 너희를 똑같이 사랑한다"라고 말씀하신다. 내면 깊이 그분과 소통하며 살라는 말씀이다. 예수님도 생명력 있는 소통 덕분에 죽음의 자리에서 생명으로 나아가셨다. 예수님이 주시는 기쁨의 경험은 행복이 아니며 단순히 고조된 감정도 아니다. 예수님이 주시는 기쁨은 세상의 그것과 다르다. 예수님의 기쁨은 결코 슬픔과 단절되어 있지 않다.

세상은 참 이상해서 우리가 경험하는 슬픔과 기쁨을 불행과 행복이라는 두 가지 감정 상태로 나눈다. 이런 식이다. "세상에는 슬픔이 너무 많아서 우리가 살아남으려면 그 사이사이에 행복한 순간이 필요하다." 술을 마시는 시간처럼 말이다. 세상은 말한다. "우리의 슬픔을 잊기 위해 약간의 행복을 만들어 내 보자. 인생이란 본래 슬프고 우울하고 비통한 것이니 잠깐이라도 일부러 행복해져야 한다." 많은 상업용 제품들이 이런 생각과 연결되어 있다. 기업마다 당신에게 잠깐의 행복을 느끼게 해 줄 소소한 상품들을 만들어 낸다. 그러나 한순간의 행복은 예수님이 말씀하시는 기쁨이 아니다.

기쁨은 틀에 박힌 상태와 뿌리가 없는 상태 사이에 낀 어느 적당한 중간 지점이 아니다. 기쁨은 그런 것이 아니다. 기쁨은 무거운 삶의 짐에서 잠깐씩 해방되는 것도 아니고 세상의 문제를 외면하는 도피처도 아니다. 예수님이 주시는 기쁨은 영적 차원이다. 그저 감정이나 육체적 상태가 아니라 영적 선물이다.

> 예수님이 주시는 기쁨은 영적 차원이다. 그저 감정이나 육체적 상태가 아니라 영적 선물이다.

이 선물은 슬프거나 고통스럽거나 삶이 고달플 때도 한결같다. 예수님이 주시는 기쁨은 지극히 어려운 상황 속에도 건재하다. 내가 만나 본 어떤 이들의 삶은 객관적으로 보기에 "도대체 당신은 어떻게 이 모든 슬픔과 고뇌 속에서 살아갈 수 있습니까?"라는 말이 절로 나오지만, 그럼에도 이들에게는 상황에 일희일비하지 않는 특유의 기쁨이 있었다. 더 깊은 무엇이 있었다. 그것은 깊은 소통이다.

이제부터라도 알아야 할 사실이 있다. 영적 삶에서는 기쁨이 슬픔과 행복과 고통과 쾌락을 모두 아우른다. 기쁨은 더 깊고 온전하고 풍성하며 우리 곁을 떠나지 않는다. 기쁨은 하나님의 근원적 속성이기도 하다. 삶이 몹시 고통스러울 때도 우리는 기쁨을 경험할 수 있다. 교회가 우리에게 가르쳐 주어야 할 것이 있다면 바로 하나님의 기쁨이 늘 우리와 함께할 수 있다는 사실이다. 병들 때나 건강할 때나 성공할 때나 실패할 때나 태어날 때나 죽을 때나 하나님의 기쁨은 결코 우리를 떠나지 않는다.

그 사실을 엿볼 수 있는 예가 있다. 임종 환자를 돕는 이들과 대화해 보면 알겠지만 슬픔이 가득할 거라고 생각되는 그들의 삶도 기쁨이 충만할 수 있다. 호스피스나 양로원에서 일하는 이들은 날마다 죽음을 대면하며 소위 '슬픈' 상황을 겪지만 그들은 기쁨을 잃지 않는다. 그들의 마음속에 있는 기쁨은 단순히 성패나 생사로 결정되지 않는다.

극빈층을 섬기는 이들이 때로 미국 같은 부유한 나라나 도시에 오면 하루 빨리 현지인들에게로 돌아가고 싶어 한다. 왜 그럴까? 가난이나 불행이 좋아서가 아니다. 다만 그들은 가난한 사람들과 함께 살아가면서 기쁨을 빼앗기지 않고 사는 법을 경험했기 때문이다. 사실 그들에게 고난은 기쁨으로 연결되는 고리다. 기쁨은 우리가 흔히 행복의 대용품으로 삼는 물질적인 것들보다 더 깊은 것이다.

영적 삶은 세상이 가르치는 바와는 전혀 다름을 깨달아야 한다. 우리 주위의 온갖 목소리는 우리도 세속적 성공을 거두어야 한다고 말하지만 예수님의 말씀은 이렇다. "나와 함께 가난하고 깨어진 사람들 곁으로 가면 너희가 기쁨을 얻을 것이다. 가난하고 애통하고 박해받고 화평하게 하는 자가 행복하고 기쁜 자다." 예수님의 말씀에는 모든 것이 전복되어 있다. 왜냐하면 하나님의 눈으로 보면 기쁨은 슬픔의 한가운데에 숨어 있기 때문이다.

기쁨은 인간의 고통스러운 마음속에도 숨어 있다. 우리는 십자가에서 처형당하시는 예수님을 보며 감히 "십자가에 나의 기쁨이 있다"라고 고백할 수 있다. 우리는 십자가에 가까이 다가갈수록 새 생명에 가까워진다는 것을 알기 때문에 십자가를 희망의 징후라고 말할 수 있다. 우리가 경험하는 슬픔은 왠지 해산의 진통과 비슷하다. 고통 가운데 새 생명이 불쑥 나올 것처럼 느껴진다. 우리 삶의 고뇌와 고통과 고난은 전혀 새로운 무엇을 낳는 과정이다.

기쁨에 닿기 위해서는 우리의 고통스러운 실존이라는 현실 속으로 더 깊이 온전히 들어가야 한다. 엘리사벳의 아기가 복중에서 기뻐 뛰놀았듯이 기쁨은 우리 안에서도 뛰놀려 한다. 엘리사벳에게도 슬픔이 없지 않았으나 슬픔 가운데 기쁨이 태동함을 알았다. 생명의 신비는 예수님이 오셔서 우리와 함께 고난당하심은 우리에게 기쁨을 주시기 위해서라는 것이다. 그분은 오셔서 우리의 고난을 없애 주시는 것이 아니라 우리에게 영생과 하나님의

기쁨에 닿기 위해서는 우리의 고통스러운 실존이라는 현실 속으로 더 깊이 온전히 들어가야 한다.

영원한 기쁨을 맛보게 하신다. 그 기쁨은 이미 이 세상, 바로 지금 여기에 있다.

자신의 고통스러운 상황을 직면할 수 있을 때 비로소 우리는 그 고통 속에 보배가 숨어 있음을 알게 된다. 그 보배란 지금 여기서 우리가 경험하는 기쁨이다.

이 사실을 깨닫는 것이 매우 중요하다. 바로 그것이 영적 삶하나님과 함께하는 삶의 관건이다. 하나님의 사랑과 이어져 있으면 그 사랑이 우리 안에서 기쁨으로 변한다. 우리 내면에 있는 그곳을 알고 나면 우리는 우리의 모든 기복의 저변에 흐르는 도도한 물줄기를 만나게 된다. 우리 모든 부침浮沈의 저변에는 기쁨이라고 불리는 하나님의 깊은 강물이 도도히 흐른다.

우리를 만지시고 빚으시는 하나님의 사랑은 항상 우리

곁에 있으니 안심해도 된다. 아무도 우리에게서 그 사랑을 빼앗을 수 없다. 모든 위대한 성인이 이 사랑에 대해 말했고 모든 고난당한 이들도 똑같이 말했다. 거기가 하나님의 집이자 곧 우리의 집이다. 그곳은 당신에게 안전한 곳이며 세상이 당신을 지배하지 못하는 곳이다. 예수님은 말씀하신다. "너희가 속한 곳은 세상이 아니라 하나님이다. 나와 아버지와 성령이다. 너희는 세상에 살되 세상에 속하지 않도록 부름받았다."

어떻게 하면
기쁘게 살 수 있을까

아주 중요하게 이야기 나누어야 할 단어가 하나 있다. '경축'celebration이라는 단어다. 경축이란 무엇보다 삶으로 나타나는 기쁨이다. 우리는 경축하도록 부름받았다. 경축을 통해 기쁨을 실천하도록 부름받았다.

삶을 경축하는 법을 배워야 한다. 경축하는 삶은 단순히 잔치가 아니다. 그것은 매 순간이 특별하므로 하늘의 복으로 알고 감사로 올려 드려야 한다는 꾸준한 인식이다. 라르쉬의 지적 장애인들과 함께 지낼 때 나는 그들에게서 경축이 생활화되어 있는 모습을 보았다. 교회는 우리를 경축의 자리로 초대한다. 성탄절, 부활절, 사순절, 오순절 등 우리는 교회력에 따른 절기를 경축한다. 생일과 기념일과 추수감사절과 추도일도 경축한다. 우리의 삶은 경축하는 삶이다.

하지만 거기까지는 경축의 일부일 뿐이고 한 걸음 더 나아가야 한다. 경축이란 이 순간을 올려 드리며 "하나님의 순간입니다"라고 아뢰는 것이다. 오늘을 올려 드리며 "이날은 여호와께서 지으신 날이라"라고 고백하는 것이다. 추수감사절에만 아니라 매주 맞이하는 월요일 아침에도 말이다. 그러니 즐거워하고 기뻐하자. 경축하자! 만일 특별한 날만 아니라 삶 전체를 경축할 수 있다면, 우리에게는 기뻐해야 할 많은 기회가 있다는 것을 깨닫는다. 우리는 어떤 일이 벌어지고 있으며 잘되어 가고 있음을 알게 된다. 마땅히 경축할 일이다.

앞에서 말했듯이 내가 머물렀던 페루의 그 가정은 몹시 가난해서 그들은 아무것도 가지고 있지 않았다. 방이 따로 없었으므로 내 잠자리는 옥상이었다. 그들이 거기에 침상만 놓아 주었다. 페루는 비가 오지 않는다. 항상 흐린데도 비가 오는 법이 없다. 거기서 몇 달을 살다가 내가 "다음 주에 떠납니다"라고 말했을 때 그들은 내 말에 전혀 신경 쓰지 않았다. 아직은 떠날 준비를 하지 않고 그대로 있으니 실감이 나지 않았던 것이다.

마침내 토요일 아침에 내가 "이제 한 시간 후면 떠납니다"라고 했더니 그들도 내 가방을 보고는 정말 가는구나 생각했다. 그때 어머니 소피아가 어린 조니에게 푼돈을 주자 아이는 가게로 달려갔다. 이미 정오가 되어 버스 시간이 30분도 채 남지 않았기에 나는 불안해졌다. 조니는 큰 코카콜라 한 병과 과자 두 개를 들고 돌아와 "파티 시간이에요!"라고 외쳤다. 그러더니 그 집의 하나뿐인 잔에 콜라를 부어 돌아가며 한 모금씩 마시게 했다. 이어 과자를 잘게 쪼개 모두에게 나누어 주었다. 열세 살 소년 파블리토는 "음악도 있어요"라고 거들었다. 어디서 났는지 모르지만 지직거리는 낡은 녹음기가 있었다. 아이가 음악을 틀더니 "우리 춤도 춰요!"라고 말했다.

12시 15분에 집을 나서야 하는데 정오의 파티가 벌어진 것이다. 콜라 조금과 과자 조금, 춤 조금으로 이루어진 파티였다. 그들과 웃고 또 웃으며 작별 인사를 나누었다. 그러고 나서 그들은 내 가방을 들고 버스 타는 곳까지 함께 배웅해 주었다. 우리는 헤어지는 데 한참 걸렸다. 그리고 나는 방금 우리가 성찬식을 했음을 깨달았다.

그들이 나에게 기쁨을 가르쳐 주었으니 얼마나 귀한 선물인가. 나는 그들의 가난과 여러 어려움과 건강 상태에 대해 알고 있었다. 현실은 냉혹했고 많은 도움이 필요했다. 그런데 그 와중에도 그들은 기쁨을 잃지 않았다.

경축은 좋은 순간만 경축한다는 뜻이 아니다. 희열의 기쁨은 삶 전체를 끌어안으며 고통스러운 순간과 이별과 심지어 죽음도 피하지 않는다. 죽음을 경축함은 죽음이 바람직해서가 아니라 그것이 우리를 최종 지배할 힘이 없기 때문이다. 열매를 맺을 수 없는 죽음은 힘이 없다.

고통을 경축함은 고통이 선해서가 아니라 그 문제를 통해 기도하며 함께 우리가 떡을 뗄 수 있기 때문이다. 우리는 괴로움의 순간도 하나님께 올려 드릴 수 있다. 우리는 감사로 하나님께 그 문제를 올려 드린다.

경축은 감사의 표현이다. 죽음에는 우리 삶을 지배할 최종 권한이 없다. 고뇌와 고통과 씨름과 전쟁도 마찬가지다. 하나님은 살아 있는 자들의 하나님

> 고통을 경축함은 고통이 선해서가 아니라 그 문제로 기도하며 함께 우리가 떡을 뗄 수 있기 때문이다. 우리는 괴로움의 순간도 감사로 하나님께 올려 드릴 수 있다.

이시다. "너희는 생명을 얻고 더 풍성히 얻으리라."

장애인의 삶은 힘겨울 수 있다. 그런데 라르쉬의 장애인들은 늘 경축하는 삶을 살았다. 그들의 집은 작은 촛불과 장식과 꽃과 노래로 가득하다. 그들에게는 생명을 주신 하나님께 감사로 올려 드리지 않는 날이 하루도 없다.

우리는 경축하면 할수록 서로가 교감하고 교제를 나누고 있음을 깨닫는다. 경축 속에서 공동체가 생겨난다. 이는 우리 가운데 선포되는 하나님 나라의 첫 표시다. 경축은 웃을 때나 울 때나 생명의 하나님을 믿고 그 믿음을 실천하는 길이다. 경축하면 우리 삶의 모든 우여곡절 아래에서 흐르고 있는 기쁨의 깊은 물줄기가 드러난다.

예수님은 우리에게 기쁨을 보상으로 주신다. 나중이 아니라 지금 주신다. 행복한 순간만이 아니라 슬플 때도 주신다. 기쁨은 우리 고난 속에 숨어 있으며 공동체의 삶을 통해 드러난다.

부활하신 주님을
따르는 것

예수님을 따르는 삶에는 또 다른 측면이 있는데 지금 당장은 조금 이해하기 힘들 수 있다. 예수님을 따르는 삶이란 2천 년 전에 사신 그분을 따른다는 의미만은 아니다. 우리 가운데 이렇게 말하는 이들이 있다. "나도 예수님 시대에 살았더라면 좋았을 텐데, 2천 년 전이라 너무 아쉽다. 나는 인간 예수님을 상상만 해야 한다. 까마득한 옛날에 사신 분이라 만나 본 적이 없으니 공상 속에서 그려 볼 수밖에 없다. 그러니 나는 나사렛 예수님을 따르기 위해 내 상상력을 사용할 것이며, 예수님이 그때 명하신 말씀을 지금 이 시대에 적용하여 실천해 보리라."

그러나 예수님을 따르는 삶은 그분에 대한 상상을 따르거나 그분을 꿈꾸고 막연히 떠올리는 데서 그치지 않는다. 예수님을 따르는 삶은 부활하신 주님을 따른다는 뜻이다. 우리가 따르는 그분은 역사의 주인이시고 지금 이 순간에도 우리와 함께 계신 주님이시다. 이는 감상적 기억도 아니고 잘 알지도 못하는 사람에 대해 떠올리는 경건한 감정도 아니다. 지금 여기에 우리와 함께하시는 그분이 우리를 인도하신다. 우리 가운데 주님으로 정말 임재하시는 그분이 우리를 이끄신다. 죽음에서 부활하여 주님이 되신 그분은 모든 시대 모든 사람을 품으시며, 그리하여 지금 여기에 계시는 현재의 주님이시다.

이 차이를 이해하는 것이 매우 중요하다.

우리 집에는 내가 예루살렘에서 구한 안드레이 루블료프의 그림이 있다. 부활하신 주님을 그린 그림이다. 그냥 나사렛 예수님이 아니라 부활하신 주님이다. 그분은 육신이 되어 나사렛과 베들레헴과 예루살렘에서 우리 가운데 사셨으나 부활하셔서 모든 이름 위에 뛰어난 이름을 얻으셨다. 장차 모든 사람이 그 이름 앞에 무릎 꿇고 그분을 주님으로 찬송할 것이다.

집에 있는 내 작은 성소에 그 그림을 놓아 두었다. 당신과 내가 부름받아 따르는 그분은 역사의 주인, 부활하신 주님, 천국과 영생의 문, 길과 진리와 생명, 위엄과 영광이 충만하신 하나님의 독생자, 풍성한 생명을 주시는 분이다. 늘 우리를 하나님의 신비로운 생명 속으로 더 가까이 이끄시는 우리 주님이시다. 그분은 당신이 편하게 함께 수다나 떠는 친구가 아니다. 그러한 것은 영적 삶이 아니다. 그분은 당신을 불러 하나님과 교제하게 하시는 주님이시다.

그림 속 예수님의 눈빛은 지엄해 보이나 그 눈빛 이면에 하나님의 영원한 사랑이 서려 있다. 당신 쪽에서 가고 싶은 데로 가려고 그분과 어울려 다니는 것이 아니라 그분이 당신을 영원한 삶으로 인도하신다. 역사의 주인께 기도하며 그분을 따르면 당신은 하나님의 신비롭고 영원한 사랑 속으로 이끌린다.

기도의 자리에서 우리는 그분이 심판자라서 엄하시지만 동시에 긍휼의 주님이라서 온유하심을 깨닫게 된다. 사랑으로 충만하신 주님이 당신을 그 사랑으로 부르신다. 그분은 또 진리와 아름다움의 주님이시다. 알고 보면 당신이 따르는 예수님은 매일 당신에게 말씀하시며 늘 당신을 하나님과의 더 깊은 교제로 부르는 주님이시다.

예수님을 따르면 하나님의 내밀한 신비 속으로 점점 더 깊이 들어간다. 하나님이 육신이 되셨기에 우리는 성부의 영광 속에 성령과 교통하며 그분 안에서 그분을 통해 그분과 함께 인도받을 수 있다. 부활하신 주님의 이 그림은 우리 모두의 위대한 소명을 일깨워 준다. 그 위대한 신비에 더 바짝 다가서라는 소명이다.

주 예수님, 바쁘고 분주한 삶 속에서

주님만을 바라보기 원합니다.

주님은 주님 나라로 저를 부르십니다.

주님께 안식을 얻도록 부르십니다.

회심과 새 생명과 새 희망으로 부르십니다.

주님, 저를 이곳으로 불러 주시니 감사합니다.

저를 새롭게 하셔서 저를 통해

많은 사람이 치유받고 새 생명을 얻게 하소서. 아멘.

CHAPTER 6

약속 ― "내가 너희와 항상 함께 있으리라"

예수와 '지금 여기'를
오롯이 살아 내다

내가 너희에게 실상을 말하노니 내가 떠나가는 것이 너희에게
유익이라 내가 떠나가지 아니하면 보혜사가 너희에게로 오시지
아니할 것이요 가면 내가 그를 너희에게로 보내리니

_ 요한복음 16장 7절

16 내가 아버지께 구하겠으니 그가 또 다른 보혜사를 너희에게
주사 영원토록 너희와 함께 있게 하리니 17 그는 진리의 영이라
세상은 능히 그를 받지 못하나니 이는 그를 보지도 못하고 알지도
못함이라 그러나 너희는 그를 아나니 그는 너희와 함께 거하심이요
또 너희 속에 계시겠음이라

_ 요한복음 14장 16-17절

18 예수께서 나아와 말씀하여 이르시되 하늘과 땅의 모든 권세를
내게 주셨으니 19 그러므로 너희는 가서 모든 민족을 제자로 삼아
아버지와 아들과 성령의 이름으로 세례를 베풀고 20 내가 너희에게
분부한 모든 것을 가르쳐 지키게 하라 볼지어다 내가 세상
끝 날까지 너희와 항상 함께 있으리라 하시니라

_ 마태복음 28장 18-20절

하나님이 처음으로 자신의 이름을 계시하신 것은 불이 붙었으나 타지 않는 신비한 떨기나무 가운데서 모세에게 말씀하실 때였다. "하나님이 모세에게 말씀하여 이르시되 나는 여호와이니라."출 6:2 하나님은 자신을 '백성과 함께하시는 하나님'으로 계시하셨다. "여호와"를 직역하면 '나는 너희와 함께하는 자'라는 뜻이다. 곧 '나는 너희의 여행에 함께하는 하나님, 너희의 곁에 머무는 하나님, 너희에게 충실한 하나님'이라는 뜻이다.

하나님은 말씀하신다. "나 여호와는 너희 동반자요 길동무니 너희를 한없이 사랑하여 늘 너희와 함께할 하나님이다. 내가 밤에는 횃불이 되어 너희 길을 찾아 주고 낮에는 구름이 되어 너희를 약속의 땅으로 인도하겠다. 나는 너희 하나님이니 결코 너희를 떠나지 않겠고 늘 함께하여 너희의 길을 찾게 하리라."

기독교 신앙의 가장 아름다운 면 가운데 하나는 예수님이 임마누엘, 곧 우리와 함께하시는 하나님으로 오셨다는 사실이다. 우리와 함께하시며 곁에 머무시겠다는 하나님의 약속이 얼마나 진지한지를 우리는 예수님을 통해 깨닫는다. 하나님의 신실하심은 예수님을 통해 한층 더 가시화된다. 그분이 육신이 되어 예수님으로 우리 가운데 거하셨기 때문이다. 그분은 우리 가운데 장막을 치고 사셨다. 우리에게 조금도 거리를 두고 싶지 않아 우리 가운데 하나가 되셨다. 그분은 우리와 함께하시는 하나님 곧 임마누엘이시다.

이렇듯 예수님이 계시하신 하나님은 우리가 상상할 수 없을 만큼 그분의 백성과 가까이 계신다. 복음의 가장 큰 기쁜 소식은 바로 하나님이 우리와 함께 싸우시고, 우리와 함께 길을 걸으시며, 우리의 고통을 겪으시고, 우리의 죽음까지도 함께하기를 원하신다는 것이다. 그래서 우리는 "하나님이 우리 인생에 동참하지 않으시는 부분은 하나도 없다"라고 고백할 수 있다. 그야말로 위대한 기쁜 소식이다. 하나님은 삶의 모든 면에서 우리와 함께하신다.

우리가 거의 이해하지 못하거나 심지어 생각조차 하지 않는 신비가 하나 더 있다. 우리와 함께하시는 하나님은 예수님으로 끝나지 않는다! 하나님이 우리와 함께하시는 더 신비한 방식이 있다. 예수님은 우리에게 말씀하셨다. "내가 떠나가는 것이 너희에게 유익이라 가면 내가 그를 너희에게로 보내리니." 요 16:7 "그는 너희와 함께 거하심이요 또 너희 속에 계시겠음이라." 요 14:17

예수님이 계시하신 대로 하나님은 우리와 함께하시되 놀라울 정도로 친밀한 방식으로 우리 안에 거하신다. 그래서 우리는 그분이 내 안에 한 몸처럼 사신다고 고백할 수 있다. 우리와 함께하시는 하나님은 구약에서 우리 여정에 동행하셨고, 신약에서 성육신하여 우리와 함께 고난당하셨으며, 이제 우리 숨결 속에 계신다. 우리는 하나님의 영을 호흡한다.

호흡보다 친밀한 교감을 상상할 수 있을까? 호흡은 워낙 몸에서 자연스러운 일이라 우리는 그것을 의식하지 않는다. "오늘 내가 숨을 잘 쉬고 있다"라고 말하는 사람은 없다. 워낙 긴밀하여 내 호흡이 곧 나이기 때문이다. 하나님은 바로 이 긴밀성을 택하여 우리 숨결이 되셨다. '영'의 헬라어인 '프뉴마'는 숨결을 뜻한다.

예수님은 "내가 떠나가는 것이 너희에게 유익이다. 그래야 나는 너희에게 내 숨결을 보낼 수 있고 너희는 너희 안의 내 생명을 호흡할 수 있다"라고 하신다. 이 말씀의 의미를 우리는 "내가 세상 끝 날까지 너희와 항상 함께 있으리라" 하신 그분의 마지막 말씀을 듣고야 비로소 깨닫는다. 바로 이런 뜻이다. "내가 너희와 아주 긴밀하게 함께하므로 너희와 나는 하나다. 너희는 내 숨결을 호흡하며 '이제는 내가 사는 것이 아니요 오직 내 안에 그리스도께서 사신다'라고 고백할 수 있다."

당신과 나는 작은 예수가 되어 이 세상에 하나님을 생생히 드러내도록 부름받았다. 하나님이 아주 친밀하게 우리 안에 거하시기에 정말 우리를 통해 이 세상에 그분의 영광이 드러난다. 그야말로 위대한 신비요 위대한 약속이다. 성령을 약속하신 것이다.

예수님의 약속, 어떻게 반응할 것인가

예수님이 "내가 너희와 항상 함께 있으리라"라고 하셨으니 우리는 주님의 임재가 정말 무슨 의미이며 우리에게 어떤 영향을 미치는지 깊이 생각해야 한다. 세 가지를 말하고 싶다. 첫째, 하나님은 부재 속에서도 임재하신다. 둘째, 하나님의 임재는 우리 안에 미래에 대한 갈망을 불러일으켜 전진하게 하신다. 셋째, 우리는 이 임재를 일상생활 속에서 구체적으로 연습할 수 있다.

부재를 통해 계시되는 임재

때로 인간은 함께 있을 때만 아니라 떨어져 있을 때 서로 더 가까워질 수 있다. 존재로만 아니라 부재로도, 함께함 뿐 아니라 떠남으로도 더 가까워진다. 우리는 끊임없이 떠나고 다시 돌아오면서 더욱 친밀해진다.

당신이 이 점을 실감해 볼 수 있다면 좋겠다. 이를 통해 영적 삶의 신비에 가닿을 수 있기 때문이다. 몇 가지 예를 들어 보자. 때로 우리는 집을 떠나 가족과 헤어져 지냄으로써 부모님에 대한 새로운 시선을 얻고 관계가 더욱 친밀해지는 것을 경험한다.

나는 네덜란드에서 자랐으므로 미국으로 이주하면서 부모님을 떠나야 했다. 그런데 그 부재를 통해 부모님과의 관계가 새로워졌다. 나는 집을 떠남으로 부모님께 새로운 친밀감과 교감을 느꼈다. 마치 부모의 사랑이 함께 있으면 잘 보이지 않아서 거리를 좀 띄워야만 깨닫는다는 듯이 말이다. 떨어져 있음으로써 나는 부모님의 깊은 사랑을 똑똑히 볼 수 있었다. 집에서 주방이나 거실에 부모님과 함께 앉아 있을 때는 모든 것이 마냥 평범해 보였다. 하지만 막상 멀리 있어 보니 떠나기 전에는 보거나 느끼지 못했던 부분이 보이고 또 느껴졌다. 이렇듯 나와 부모님의 관계는 부재를 통해 한층 깊어졌다.

이런 예도 있다. 우리가 누군가를 방문하여 그저 평범한 대화를 나눈다고 하자. 흥미롭게도 그 방문에 대한 기억이 방문 자체만큼이나 힘을 발휘할 때가 많다. 몸이 아픈 사람은 나중에 "내가 아플 때 그가 문병을 와 주었지"라고 되짚게 된다. 문병을 와 준 사람과 함께 있을 때는 경험하지 못했던 감사와 사랑이 그가 떠나고 난 자리에서 더 깊어질 수 있다. 이것이 우리가 서로를 방문하는 일이 중요한 이유다. 방문 가운데 대단한 일이 벌어져서가 아니라 떠남도 함께 있음만큼이나 중요할 수 있기 때문이다.

우리는 아픈 친구를 방문하여 이렇게 말할 수 있다. "여기서 내가 너와 함께할 수 있는 시간은 짧지만 너무 슬퍼하지 마. 내가 가고 나서도 우리가 함께했던 시간이 좋은 기억으로 너와 함께할 테니 말이야. 나는 여기 없지만 내 마음은 여전히 네 곁에 머물 거야."

우리는 종종 이런 일을 경험한다. 상대가 떠나고 나서야 그 사람에게 내가 얼마나 많은 사랑을 받았는지를 깨닫는다. 그 사람 앞에서는 표현할 수 없을지 몰라도 떠난 뒤에는 느끼고 경험할 수 있다.

편지 쓰기도 또 다른 예다. 얼굴을 보면서는 차마 할 수 없는 말도 글로는 표현할 수 있지 않은가? 우리는 사랑하는 사람이 눈앞에 없을 때 비로소 그에 대해 곰곰이 생각하며 이렇게 쓸 수 있다. "당신을 사랑합니다. 당신은 내게 너무나 소중한 사람이며 표현하지는 못했지만 늘 내 마음 가운데 있습니다." 직접 보면서는 그렇게 말하기가 어렵다. 쑥스럽고 거북한 데다 너무 직선적으로 들리기 때문이다. 그러나 거리를 좀 띄워 글로 쓰면 우리는 이렇게 말할 수 있다. "당신을 알게 되어 참 감사해요. 당신을 그리워하는 제 마음을 전합니다."

편지를 쓰는 동안 우리 안에 친밀함이 자란다. 부재한 사람이 내 마음속에서 더 커지고 애틋해진다. 마치 상대의 영이 내 안에 있는 양 그와의 교감이 느껴진다. 이런 새로운 친밀함은 부재를 통해서만 가능하다. 그 사람이 또 보고 싶어진다. 떨어져 있지 않다면 사무치도록 그립지는 않을 것이다.

부재를 통한 임재를 가장 깊이 보여 주는 예는 죽음일 것이다. 우리의 죽음도 그렇고 사랑하는 사람의 죽음도 그렇다. 나는 사별한 사람과의 사랑도 자라 갈 수 있다고 믿는다. 살아생전에는 서로를 부분적으로 알 뿐이지만 신앙의 사람인 우리는 죽음을 통해 서로를 새롭게 알게 된다.

우리는 감히 이렇게 말해야 한다. "형제자매여, 내가 죽어서 떠나는 것이 당신에게 유익합니다. 내가 죽으면 당신이 나를 새롭게 발견할 테니 말입니다. 죽어서도 나는 새로운 방식으로 당신 곁에 있습니다." 우리 가운데 부모나 자녀나 친구를 잃은 사람이 분명히 많을 것이다. 죽은 사람과의 사이에도 새로운 친밀함이 자랄 수 있다. 고인에 대한 기억이 당신의 삶 속에 생생히 살아서 숨 쉰다.

알고 보면 죽음으로 우리 곁을 떠나간 이들은 마음속에 남아 계속 우리를 양육한다. 계속해서 우리를 인도하며 우리 삶을 심화시킨다. 이는 위대한 신비다. 이 신비를 예수님이 가장 적나라하게 계시해 주셨다. "내가 떠나가는 것이 너희에게 유익이라 내가 떠나가지 아니하면 보혜사가 너희에게로 오시지 아니할 것이요 가면 내가 그를 너희에게로 보내리니 …… 진리의 성령이 오시면 그가 너희를 모든 진리 가운데로 인도하시리니."요 16:7, 13

"진리"truth는 교리나 교의가 아니라 온전한 '약혼'betrothal 관계를 의미한다. "troth"는 진실을 뜻한다 "내가 너희를 친밀하게 대할 것이다. 내 영이 너희를 하나님과의 온전한 약혼 관계로 인도하리니 이는 내가 떠나야만 가능하다." 예수님의 죽음은 우리에게 유익하다. 그분이 죽으셔야만 성령께서 우리를 하나님과의 더없이 친밀한 교제로 인도하실 수 있다.

예수님의 부재는 유익했다. 그분은 생전에는 이해받으실 수 없었다. 제자들은 그분을 이해하지 못했다. 시종일관 그분의 말씀을 알아듣지 못했다. 그분이 죽으실 때 달아났던 그들은 그분이 승천하실 때도 여전히 의심하며 말했다. "이스라엘의 권력을 회복하셔야 하지 않습니까? 로마인들을 몰아내셔야 하지 않습니까? 이곳의 정치 상황을 바로잡으셔야 하지 않습니까?" 이처럼 그들은 통 몰랐다.

"이것은 내 몸이요 내 피니라"라는 예수님의 말씀도 제자들은 알아듣지 못했다. "내가 곧 생명이요 부활이요 문이요 진리다"라는 말씀도 깨닫지 못했다. 어렴풋이 알았으나 계속 자신들의 제한된 시각에 맞추어 잘못 이해했다.

그래도 예수님은 누누이 말씀하셨다. "내가 지금 너희에게 이르는 까닭은 훗날 너희로 알게 하려는 것이다. 지금 이런 말을 하는 것은 내가 떠난 후에 무슨 말이었는지 알게 하려는 것이다. 내가 보낼 내 영이 내가 너희에게 가르친 모든 것을 계시하시리니 그때는 너희가 알 것이다. 내가 아버지께 배운 모든 것을 성령이 너희에게 가르치시리라."

우리가 알아야 할 중요한 사실이 있다. 예수님이 참으

로 어떤 분이신지를 알려면 그분이 떠나셔야만 했다. 예수님이 승천하시고 제자들은 혼란스러웠다. 그런데 예수님은 그들에게 "성령이 오실 때까지 그냥 기다리라"라고 말씀하셨다.

마침내 성령께서 오시자 모든 것이 달라졌다. 이제야 그들이 보았고 깨달았기 때문이다. 그들은 자신들이 특별한 역사에 몸담고 있었음을 깨달았다. 갑자기 그들에게 그리스도 안에서의 삶이 시작되었다. 성령께서 오시기 전까지는 그리스도와 함께 다녔을지언정 그리스도 안에서 다닐 수는 없었다. 예수님이 죽으시기 전에는 "이제는 내가 사는 것이 아니요 오직 내 안에 그리스도께서 사시는 것이라"라고 고백할 수도 없었다. 그때는 불가능한 말이었다.

이 고백은 그리스도의 숨결이신 그분의 영이 임하여 그들 안에 들어오신 뒤에야 가능해졌다. "나는 살아 있는 작은 예수니 이제는 내가 사는 것이 아니요 오직 내 안에 그리스도께서 사시는 것입니다." 그들은 하나님의 임재를 생생히 드러내는 작은 예수가 되었다.

내주하시는 그리스도의 생명을 깨닫자마자 모든 장벽이 무너져 내려 그들은 전 세계로 흩어졌다. 성령의 위대한 신비는 그리스도께서 시대를 초월하여 우리와 늘 함께하신다는 사실이다. 우리와 함께하시는 하나님은 또한 우리와 함께하시는 그리스도이시다. 그분은 우리를 온 세상의 모든 나라와 민족과 백성에게로 보내신다.

우리는 이 나라나 저 나라로 국한될 필요가 없다. 영이신 그리스도 안에서 온 세상이 우리 것이기 때문이다. 온 세상을 다닐 수 있는 것은 우리가 이미 하나님의 집에 와 있기 때문이다. 우리는 이미 하나님 안에 있다. 그 교제를 이미 누리고 있기에 어느 한 가정이나 나라나 상황에만 우리를 가둘 필요가 없다.

이것이 깨달아지기를 바란다. 이 위대한 신비를 말로 설명하기란 매우 어려운 일이다. 우리가 살 수 있게 된 영적 삶은 그리스도의 영이 우리 안에 거하시는 삶이다. 성령께서 우리를 모든 제약으로부터 해방시켜 주시는 삶이다. 성령께서 자유를 주시기에 우리는 어디로 보냄받든 하나님의 집에 있을 수 있다.

이 모두가 예수님의 물리적 부재 가운데 이루어진다. 그분은 "내가 다시 올 때까지 너희를 보낸다"라고 말씀하신다.

미래를 계시해 주는 임재

"성령이 장래 일을 너희에게 알리시리라." 우리에게 미래란 불안과 두려움의 근원일 때가 많다. 우리는 많은 의문을 갖는다. "내가 실직을 당하거나 자녀가 아프거나 배우자가 떠나거나 전쟁이 나면 어떻게 될까?" 두려움은 우리를 현재로부터 떼어 놓고 우리 안의 성령을 소멸한다.

하나님이 늘 성령으로 우리와 함께하심을 믿는다면 우리는 현재의 결과로 펼쳐지는 미래를 잠잠히 맞이할 수 있다. 하나님이 우리와 함께하시며 우리가 이미 성령을 호흡하고 있음을 정말 믿는다면 미래를 걱정할 필요가 없다. 앞일이 어떻게 될지 염려할 필요가 없다. 우리가 온전히 성령 안에서 살아간다면, 삶이라는 여행에서 미래는 현재로부터 펼쳐진다는 사실을 믿을 수 있다.

우리 삶의 가장 큰 유혹 가운데 하나는 삶을 앞당겨 살라는 속삭임이다. 세상은 우리로 하여금 진짜 중요한 일은 다음 주, 다음 달, 내년에 벌어진다고 믿게 만든다. 그리스도인 앞에 놓인 도전은 의미 있는 일이 늘 지금 바로 여기에서 일어나고 있음을 믿는 것이다. 우리가 주목해야 하는 것은 바로 지금 이 순간이다.

현재에 충실하면 미래는 자라나게 되어 있다. 미래는 우리 앞에 저절로 드러난다. 우리가 이미 성령을 받았기 때문이다. 이미 우리는 영생의 시작을 받았고 하나님의 집에 와 그분의 숨결을 호흡한다. 그러니 그 자리를 지키며 귀를 기울이자.

우리는 복음서에서 "인내"라는 놀라운 단어를 만난다. 인내란 현재의 자리에 온전히 머물며 순간에 충실하고, 내게 필요한 모든 것이 이곳에 있음을 믿는다는 뜻이다. 인내하지 못하는 사람은 늘 현재가 아닌 미래를 꿈꾼다. 그는 이렇게 말한다. "지금은 내게 아무런 의미가 없어. 내일이든 내년이든 빨리 나중이 왔으면 좋겠다. 나이가 들고, 일자리가 생기고, 부자가 되었으면 좋겠다"라고 말한다.

우리는 늘 미래에 산다. 중학교 때는 고등학교를, 고등학교 때는 대학을, 대학에서는 작은 직장을, 작은 직장에서는 큰 직장을, 큰 직장에서는 은퇴를 고대한다. 은퇴 후에도 진짜 중요한 일은 저 앞에 있는 줄로만 안다. 우리는 삶을 앞당겨 사느라 지금 이 순간 여기에 성령께서 우리와 함께하신다는 진리를 맛보지 못한다.

예수님은 인내하라고 말씀하신다. 인내란 지금 이 순간에 충실하여 현재의 의미를 온전히 경험한다는 뜻이다. 그

> 우리 삶의 가장 큰 유혹 가운데 하나는 삶을 앞당겨 살라는 속삭임이다. 세상은 우리로 하여금 진짜 중요한 일은 다음 주, 다음 달, 내년에 벌어진다고 믿게 만든다.

러면 그 순간에 뿌려진 씨앗이 자라나 당신을 미래로 인도한다. 미래는 옥토 속의 씨앗처럼 현재 속에 숨어 있다. 자신이 서 있는 땅을 잘 갈고 거름을 주면 결국 약속이 이루어진다.

조바심을 내지 말라. 잘 자라고 있는지 보려고 되돌아가 씨앗을 파내지 말라. 그러면 씨앗이 뿌리를 내리지 못한다. 당신에게 주어진 약속을 믿으라. 그 약속은 당신이 믿고 서 있는 땅속에 숨어 있다. 씨앗은 분명히 늠름한 나무로 자랄 것이며 그러려면 당신이 시간을 주어야 한다. 씨앗은 당신의 현재 속에서 자라나 미래를 보여 줄 것이다. 이것이 성령께서 하시는 일임을 신뢰하라.

다행히 우리의 지금은 의미가 없기는커녕 가득 차서 넘친다. 때가 차매 하나님이 우리에게 오셨다. 때가 찼다 함은 주님이 성령을 보내서 우리와 함께하시기 때문이다. 지금까지 우리가 원하던 것도 그것이 전부다. 주 하나님과 함께 사는 것이다. 우리의 간절한 소원대로 하나님이 자신의 숨결이신 성령을 우리에게 보내셨는데 왜 그것으로 충분하지 못한가? 지금 당신에게 묻는다. 당신은 숨 쉬고 있는 지금 이 순간에 온전히 충실할 수 있는가?

우리는 온전히 현재에 사는 법을 배워야 한다. 하나님은 늘 지금 여기의 하나님이시기 때문이다. 우리가 사는 오늘은 주님의 날이다. 영적으로 유효한 일은 지금 여기에서 벌어지고 있다. 이 순간 당신이 앉아 있는 자리, 기도하는 그곳에 말이다. 항상 여기다. 영적 삶의 비결은 현재의 자리에서 성령의 숨결에 주목하면서 그분이 불어넣으실 새 생명을 믿는 것이다.

우리가 현재를 살면 성령께서 자신을 계시하신다. 그것이 영적 삶의 아름다움이다. 우리는 현재의 자리에 있으면 된다. 굳이 다른 곳으로 가지 않아도 된다. 이 순간에 온전히 충실하면 된다. 고통과 씨름의 한가운데서도 하나님이 당신 안에 일하시며 자신을 계시해 주심을 믿으면 된다.

여기 있으라.

잠잠하라.

들으라.

일상에서
하나님의 임재 연습하기

하나님의 임재를 어떻게 연습할 것인가? 우리는 기도와

섬김을 통해서 하나님의 임재를 경험할 수 있다.

기도하기

기도란 지금 여기서 하나님의 임재 안으로 들어가는 행위다. 기도는 지금 이 순간에 충실하여 우리와 함께하시는 하나님께 경청하는 길이다. 하나님은 늘 우리가 있는 곳에 계신다. 세상 끝 날까지 우리와 함께하신다. 우리는 여기에 남아 귀 기울여 들어야 한다. 기도는 여기에 있으면서 경청하는 훈련이다.

당신의 기도 생활이 하나님의 임재 연습이 되기를 간절히 바란다. 말을 많이 할 필요도 없고 사고가 깊을 필요도 없다. 어떻게 생각해야 할지 걱정하지 않아도 된다. 그냥 있는 자리에서 이렇게 아뢰면 된다. "사랑합니다. 주님을 사랑해요. 주님이 저를 사랑하시기에 저도 주님을 사랑합니다. 거창하게 드릴 말씀도 없고 심오하게 표현할 문구도 없습니다. 다만 제가 여기 있으니 저와 함께하소서. 저도 주님과 함께하겠습니다."

기도는 단순하다. 기도는 복잡하거나 어렵지 않다. 사람들이 당신에게 어떻게 기도하느냐고 묻거든 이렇게 말하라. "그분 앞에 앉아서 '주님, 제가 여기 있습니다'라고 말씀드립니다."

잡념이란 우리가 과거나 미래로 잡아끌리고 있다는 뜻이다. 어느새 우리는 어제 있었던 일이나 내일 있을 일을 생각한다. 아직 온전히 여기에 있지 못하다는 뜻이다. 그래도 괜찮다. 씩 웃으며 하나님께 이렇게 아뢰면 된다. "주님, 잡념이 듭니다. 온전히 여기에 있지 못하고 온전히 신뢰하지 못하여 마음이 산만합니다. 기도하고 싶은데 자꾸 어제 저를 불쾌하게 했던 사람이 생각나면서 한마디 쏘아붙일 걸 그랬나 싶어집니다."

우리는 그런 존재다. 결코 온전히 여기에 있지 못하다. 온전한 현존이 가능하다면 그곳이 바로 천국일 것이다. 우리는 현재에 살지 못하고 과거나 미래로 조금씩 가 있다. 사실 우리는 천방지축이다.

그럼에도 이렇게 기도하는 것이 매우 중요하다. "주님이 지금 여기 계심을 알기에 저도 더욱 여기에 있고 싶습니다. 주님이 저를 사랑하심을 압니다. 제게 필요한 모든 것이 여기 있음도 압니다. 그래서 잠시 여기 앉아 신실하신 하나님과 그 이름 여호와께 감사드립니다. 오셔서 우리와 함께하신 성자 예수님께 감사드립니다. 우리 안에 거하시는 성령님께 감사드립니다. 그 내주하심이 얼마나 깊은지 매번 느껴지거나 경험되지는 않지만 그래도 알고 있습니다. 모든 순간 느끼지 않아도 제가 숨 쉬고 있음을 알듯이 매번 느껴지지 않아도 하나님이 저와 함께 계심을 압니다."

이 단순한 임재를 우리는 기도로 연습해야 한다. 장담컨대 이런 기도를 연습하면 풍성한 보상이 따른다. 하나님은 오래 기다리실 것도 없이 그분이 당신 곁에 얼마나 가까이 계신지를 알려 주신다. 과거나 미래에 대한 당신의 많은 씨름도 고통과 지배력과 속박이 줄어들 수 있다. 완전히 없어지지는 않겠지만 잡념과 염려는 늘 우리 곁에 존재한다 당신 안에 그것으로부터 해방된 공간이 생겨난다.

두려움과 불안이 사방에서 당신을 에워싸지만 모든 폭풍의 한가운데에 고요한 자리가 열린다. 거기서 당신은 이렇게 고백할 수 있다. "지금 여기서 주님을 사랑합니다. 주님도 저를 사랑하십니다. 여기에 있는 것이 좋습니다. 주님의 임재 안에 있어 좋습니다. 더 이상 아무것도 필요하지 않습니다."

섬기기

섬김이란 하나님의 사람들을 위해 무언가를 행하는 것이다. 어떤 때는 그 일이 큰일일 수도 있다. 헐벗은 이를 입히고, 빈민에게 숙소를 제공하고, 난민을 지원하고, 환자나 재소자를 방문하는 것과 같은 일이다. 그러나 섬김은 늘 작은 일, 작은 몸짓으로 시작된다. 가족과 직장 동료를 친절히 대하고, 참을성 있게 말하고, 카드를 쓰고, 꽃을 보내는 일처럼 말이다.

기도를 통해 하나님이 지금 여기 우리 안에 계심을 알면 알수록 다른 이들에 대한 주의력도 깊어진다. 자아에 덜 함몰되어 자신에 대한 염려가 줄기 때문이다. 자기 일로 염려하지 않으면 다른 사람들이 더 또렷이 보인다. 그들의 고민과 아름다움과 친절이 보인다. 그들이 내게 상처를 주려는 것이 아니라 저마다 문제를 안고 있음도 보인다. 우리는 성령의 임재 안에 있기에 훨씬 온유해지며 다른 이들의 삶도 고달프다는 것을 깨닫는다.

이는 예수님을 따르는 삶의 가장 큰 보상 가운데 하나다. 당신 안의 성령이 그들 안의 성령을 보신다. 당신 안의 그리스도가 그들 안의 그리스도를 보신다. 당신 안의 하나님 마음이 그들 안의 하나님 마음을 보신다. 성령은 성령께 말씀하시고, 마음은 마음에게 말하고, 그리스도는 그리스도께 말씀하신다.

당신은 세상 속의 그리스도를 볼 수 없으나 당신 안의

그리스도는 세상 속의 그리스도를 보실 수 있다. 당신은 세상 속의 하나님을 볼 수 없으나 당신 안의 하나님은 세상 속의 하나님을 보실 수 있다. 영적 삶이란 성령 안에서 성령을 위해 성령을 인식하는 것이다. 성령은 성령을 서로 알아보시고 하나님은 하나님을 서로 찬양하신다.

모든 폭력과 증오와 복수심과 망상과 야심의 이면에서 인간이 얼마나 선한지가 비로소 보인다. 모두가 하나님의 사람이며 하나님의 영이 그들 안에도 그리고 그들을 통해서도 호흡하심을 우리는 깨닫는다. 인간이 경이롭고 아름다운 존재이며 하나님의 사랑을 전달하는 소리, 곧 인격체임을 깨닫는다. 그 사실을 보고 우리는 즐거워하며 이렇게 말한다. "당신과 함께 있으니 좋습니다. 당신이 내게 하나님의 사랑을 더욱 일깨워 주기 때문입니다." 서서히 공동체가 생겨나고 새 생명이 태어난다.

섬김은 결과를 얻어 내려는 행위나 세상을 구원하려는 초조한 욕구가 아니다. 우리는 변화가 보장된다는 조건 때문에 섬기는 것이 결코 아니다. 그랬다가는 자칫 극단으로 흐를 수 있다. 누군가를 돕거나 이런저런 일을 할 때 사람이나 세상이나 나라나 정치나 사회 환경을 변화시키려는 것이 유일한 관심사라면, 즉 변화가 섬김의 조건이라면 우리는 금세 원망으로 가득 찰 것이다. 반면에 섬김이 이미 누리고 있는 사랑에 대한 감사의 표현이라면 너무 무리하지 않고도 홀가분하게 변화에 참여할 수 있다. 섬김은 당신 안에 주어진 선물을 다른 사람들에게 나누려는 표현이다.

> 섬김은 결과를 얻어 내려는 행위나 세상을 구원하려는 초조한 욕구가 아니다. 우리는 변화가 보장된다는 조건 때문에 섬기는 것이 결코 아니다.

어떤 면에서 섬김은 감사의 행위다. 우리는 워낙 하나님의 임재로 충만하고 하나님의 약속을 잘 알기에 이를 움켜쥐지 않고 나누고 싶다. 제자들은 온 세상을 다니며 하나님이 우리와 함께하심과 우리가 그분의 임재를 지금 여기에서 누릴 수 있음을 알렸다. 가난하고 굶주리고 병들고 죽어 가는 이들을 향한 제자들의 관심은 하나님의 임재를 믿는 깊은 믿음의 표현이었다. "너희가 여기 내 형제 중에 지극히 작은 자 하나에게 한 것이 곧 내게 한 것이니라."마 25:40

하나님의 임재를 연습하면 어느새 당신은 가난하고 고달픈 이들에게로 향한다. 고통당하는 이들의 자리로 이끌린다. 다른 사람들도 하나님의 함께하심을 깨닫기를 원한다. 섬김이란 당신 안의 그 새 생명을 증언한다는 뜻이다.

당신 안의 성령은 고통당하는 이들에게로 당신을 더 바짝 이끄신다. 당신이 거기서 하나님의 임재를 볼 것이기 때문이다. 우리는 하나님이 그들을 버리지 않으셨음을 그들 곁에서 알려 주고 싶다. 위대한 일이 벌어지고 있으며 우리뿐 아니라 그들을 위해서도 성령이 계심을 세상에 말해 주고 싶다. 이렇게 호소하고 싶다. "하나님의 영이 당신 안에 계심을 믿고 그 성령을 따라 사십시오. 그러면 모든 것이 새로워집니다. 성령에 이끌리는 삶은 활력이 넘칩니다. 알다시피 당신은 깨어진 존재지만 그 깨어지고 가난한 가운데도 당신 안에는 선물이 있습니다. 그 선물이 당신 안에서 열매를 맺게 하십시오."

당신의 작은 행위는 모두 감사의 행위다. 이웃을 섬기는 일은 크든 작든 감사에서 우러나와야 한다. 섬김의 주체가 개인이든 공동체든 국가든 다 마찬가지다. 섬김은 성찬과 감사를 동시에 뜻하는 '유카리스티아'eukharistia; 헬라어의 행위가 되어야 한다.

섬김은 다음 사실의 표현이어야 한다. 곧 하나님이 우리에게 오셨고 지금 우리 안에 거하시며 하나님은 우리에게 영생을 주셨다. 하나님은 그분의 숨결을 우리에게 주셨다. 우리는 그분 안에 있고 이미 원칙적으로 사망과 악을 이겼다. 그러므로 마음껏 감사하며 살면서 그 감사의 표현으로 하나님의 사람인 이웃과 세상을 돌볼 수 있다. 감사에서 우러난 섬김으로 하나님의 임재를 연습할 수 있음을 알면 한없이 자유로워진다. 삶이란 곧 기도와 섬김이다. 이를 통해 성령께서 당신에게 하나님을 계시하신다. 기도와 섬김은 예수님을 따르는 삶의 핵심이다.

　　예수님을 따르는 삶에 대해 내가 나누려는 내용은 여기까지다. 내 말이 당신의 마음속에 작은 씨앗으로 심겼기를 기도한다. 이것이 다 무슨 가치가 있겠냐며 서둘러 걱정하지 말고 씨앗이 심겨졌음만 믿으라. 그러면 멀지 않은 어느 날 당신은 "이 책을 읽고 나서 내 안에 일어난 새로운 일이 지금 열매를 맺고 있다"라고 고백하게 될지도 모른다.

　　신뢰하라. 예수님을 따르는 삶은 생소한 개념일 수도 있고 그다지 구체적이지 않을 수도 있다. 그래도 당신은 하나님이 이 책을 통해 당신에게 오셨음을 믿어야 한다. 아직은 모를 수 있으나 확언컨대 언젠가는 알게 될 것이다. 하나님이 당신에게 약속을 주셨다.

주 예수님, 침묵 가운데 고요히 말씀하소서.

저를 둘러싼 바깥의 시끄러운 소리와

내면에서 아우성치는 두려움이

저를 주님과 떼어 놓으려 할 때마다

여전히 주님이 제 곁에 계심을 믿도록 도와주소서.

제가 주님의 음성을 잘 듣지 못할 때조차도 말입니다.

제게 들을 귀를 주셔서

주님의 세미한 음성을 듣게 하소서.

"무거운 짐 진 자여, 내게로 오라.

내가 너를 쉬게 하리라.

나는 마음이 온유하고 겸손하니."

이 사랑의 음성을 제 삶의 길잡이로 삼게 하소서.

아멘.*

_____

* **출전** 《열린 손으로》(*With Open Hands*, 성바오로출판사 역간).

엮은이의 말

━━━━━━━

　이 책은 1985년 사순절 기간에 헨리 나우웬이 매사추세츠 주 케임브리지의 세인트폴교회St. Paul Church에서 여섯 차례에 걸쳐 강연한 내용에 기초한 것이다. 그때는 나우웬의 인생에서 앞길이 불투명하던 시기였다. 2년 전에 그는 오랜 각고의 분별 끝에 페루의 선교 활동을 중단하고 귀국한 터였다. 남미로부터 그가 교수직에 몸담고 있던 명문 하버드의 신학부에까지 고립감과 불안감이 그를 따라왔다. 게다가 대학의 야심찬 경쟁적 분위기마저 그러지 않아도 팽배해 있던 그의 외로움과 초조함을 더 부추겼다.

　불안한 시대를 사는 법을 다룬 이 강연이 이토록 생동감 넘치는 이유는 나우웬에게 이 주제가 이론이 아니라 현실이었기 때문이다. 예수님을 어떻게 따를 것인가 하는 문제는 바로 그의 문제였다. 그로부터 채 넉 달이 못 되어 그는 하버드 종신직을 그만두고 토론토로 이주하여, 지적 장애인들과 더불어 사는 세계적 공동체인 라르쉬 데이브레이크의 원목이 되었다. 강연을 준비하며 예수님을 따르는 삶의 의미를 탐색하다가 나우웬 자신의 진로가 정해진 셈이다.

음질이 조악한 테이프에 녹음되어 있던 그의 강연 본문을 내가 글로 풀어냈다. 정확성을 기하기 위해 다른 두 원전도 활용했다. 하나는 나우웬이 하버드에서 가르치기에 앞서 본인용으로 준비했던 요점 위주의 육필 기록이고, 또 하나는 이듬해 아일랜드 코크에서 같은 주제로 했던 그의 강연이다. 이 모든 자료는 토론토대학교 안에 있는 세인트마이클스대학에 소재한 헨리나우웬저작및연구보관소Henri J. M. Nouwen Archives and Research Collection에서 제공해 주었다.

테이프를 처음 들었을 때 나우웬이 내게 직접 말하는 느낌이 들었다. 자신이 터득한 내용을 깨우쳐 주려는 일념으로 내가 '알아듣기'를 간절히 바라면서 말이다. 그 느낌을 그대로 살리고 싶었다. 그래서 당신이나 내가 그 강연 현장에 있었다면 했을 법한 경험을 최대한 담아내려 했다.

강연의 이런저런 대목에 당신이 동의하는지 여부에 대한 판단은 보류해 두라. 그 대신 나우웬이 제기하는 여러 이슈가 당신의 경험과 통하지 않는지 자문해 보라. 만일 통한다면 어떻게 통하는가? 나우웬은 옳은 말을 하거나 논쟁에 이기려 하지 않는다. 다만 당신 스스로 자신을 알아 가도록 통로가 되려 할 뿐이다.

나우웬의 말이 당신의 심연에 뿌리를 내려 당신이 집을 찾아가는 데 요긴한 도움이 되기를 바란다.

2019년 4월 29일,
캐나다 토론토에서

편집자 가브리엘 언쇼
Gabrielle Earnshaw

감사의 말

───────

헨리 나우웬의 이 강연을 글로 풀어내 편집한 일은 내게 특권이었다. 테이프를 듣던 오랜 시간은 묵상과도 같았다. 이런 중요하고 생명력 있는 일을 내게 맡겨 준 헨리나우웬유작센터Committee for the Henri Nouwen Legacy Trust의 캐런 패스캘과 모든 직원에게 감사드린다.

내내 혼자서 작업했지만 정말 혼자서 다 한 것은 아니다. 이 책은 많은 사람의 도움으로 태어났다.

우선 헨리의 제자이자 친구로서 1985년의 강연에 직접 참석했던 주타 에어를 언급하고 싶다. 사적으로나 실질적으로나 자상한 도움을 베풀어 준 그녀에게 깊은 감사를 전한다.

또 이 작업에 중심 역할을 한 사람은 헨리의 친구이자 행정 비서 겸 편집자로서 강연 당시에 헨리와 함께 일했던 피터 위스컬이다. 피터는 내 초고를 읽고 꼭 필요한 수정과 조언을 아끼지 않았다. 헨리의 목소리를 잘 담아냈다고 인정해 주면서 책의 가독성까지 챙겨 주었다. 그가 내준 시간과 수고도 참 고맙거니와 이 책에 대한 그의 인증이 얼마나 귀한지 모른다.

컨버전트convergent 팀과의 동역도 즐거웠다. 담당 편집자 게리 잰슨은 내 판단을 믿어 주고 내게 필요한 공간을 주면서도 적시에 개입하여 번득이는 혜안으로 책을 몰라보게 향상시켰다. 아울러 애슐리 홍, 캐시 헤네시, 마크 버키, 송희 김, 제시카 세이워드 브라이트, 새라 호건 등 펭귄랜덤하우스Penguin Random House 출판 팀의 모든 직원에 힘입어 지금 당신의 손에 들려 있는 책이 탄생했다.

캐런 패스캘과 더불어 헨리나우웬유작센터의 출판부 직원인 샐리 키프 코언과 주디스 레키는 열정적인 응원단원이자 분별력 있는 독자였다. 샐리는 쾌활하면서도 예리한 실력으로 여러 사용 허가를 내 주었고, 주디스는 초고부터 쭉 원고를 정독하면서 한결같이 지지하고 격려해 주었으며, 캐런은 탁월한 지침과 무한한 신뢰와 중요한 실제적 지원을 베풀었다. 이들 모두에게 감사드린다.

나우웬이사회Nouwen Board 회원이자 친구인 레이 글레넌은 초고를 통독하고 유익한 피드백을 들려주었다.

헨리나우웬저작및연구보관소의 리즐 조슨과 사이먼 로저스는 내가 연구 질문을 제기할 때마다 능숙하게 도와주었다. 두 사람에게 감사드린다.

업이즈라우드프로덕션Up Is Loud Productions의 게리 본은 녹음테이프의 음질을 개선해 요긴한 도움을 주었다. 그의 전문 지식과 기술이 아니었다면 이 책은 그야말로 불가능했을 것이다.

헨리의 친구였고 지금은 내 친구이기도 한 캐롤린 휘트니-브라운은 특유의 예지와 통찰력으로 지원과 격려를 베풀어 주었다.

캐서린 스미스, 캐서린 매닝, 로이 쉐퍼, 린지 예스쿠, 브리짓 링, 브래드 래슬래프는 친구로서 열렬히 지지해 주었다. 시종일

관 이 일을 응원해 준 우리 교회 공동체의 베시 앤더슨, 앤 롤런드, 린 게이츠, 린 브레넌, 존 올티어스, 폴라 뉴스트래튼에게도 감사드린다. 개인으로나 단체로나 이 친구들이 큰 힘이 되어 주었다.

헨리의 동생 로렌트 나우웬에게 특별히 감사드린다. 그는 네덜란드와 독일에 이 책을 홍보해 줄 뿐 아니라 평소에도 각방으로 헨리의 정신적 유산을 고국에 널리 알려 왔다. 형을 향한 사랑과 애정을 늘 너그럽게 나누어 주었다. 내가 아는 헨리의 정수는 다분히 로렌트 덕분이다.

헨리의 절친한 친구였고 유작 관리자인 수 모스텔러는 늘 그렇듯이 이번에도 어김없이 적극 지원해 주었다. 그녀가 나를 믿어 준 덕분에 이 작업은 순풍에 돛을 달았다.

너그럽게 서문을 써 준 리처드 로어에게 감사를 표하고 싶다. 우리 시대 지혜의 스승인 그가 이렇게 헨리 나우웬을 세월이 흘러도 검증될 영성 스승이라 격찬해 주니 이는 헨리의 정신적 유산에 대한 선물이다. 실무를 도와준 리처드의 비서 제나 벌랜드에게도 따로 감사드린다.

끝으로 내 자매 하이디 언쇼와 크리스틴 언쇼-오슬러 그리고 어머니 말린 고든 등 가족에게도 감사가 돌아가야 한다. 그중에서도 마지막 감사 인사는 나에게서 헨리 나우웬에 대한 말을 20년 가까이 들어 온 남편 돈 월름스의 몫이다. 그는 늘 경청하고 읽고 편집하고 비평하고 날카로운 질문을 던진다. 이번 편집 과정에서도 계절이 바뀌도록 지칠 줄 모르고 내내 나와 함께 다녀 주었다. 남편에게 사랑과 감사를 듬뿍 보낸다.